감시와 법

감시사회와 정보사회의 경계

감시와 법

이준일

고려대학교출판부
KOREA UNIVERSITY PRESS

SURVEILLANCE AND LAW

Prof. Dr. ZOONIL YI

책머리에

지난 학기에 대학원에서 '감시'를 주제로 세미나를 진행하였다. 이 책에 소개된 열 가지 주제들에 대하여 한 학기 동안 30여 명의 학생들이 참여한 가운데 심도 있는 논의가 계속되었다. 감시라는 대주제뿐만 아니라 각각의 소주제들도 모두 현재 한국사회를 포함한 많은 국가에서 크게 논란이 되고 있는 글로벌한 주제여서 그런지 참여자들 사이에 뜨거운 논쟁이 촉발되었다. 감시 주체의 측면에서 종래에 주를 이루었던 국가에 의한 감시뿐만 아니라 기업에 의한 감시가 증가하고 있고, 감시수단도 감청설비를 이용한 음성감시에서 폐쇄회로 텔레비전(CCTV)과 같은 영상정보처리기기를 활용한 영상감시를 넘어 위성위치추적기술에 기반한 위치감시에 이르기까지 다양해지고 있다. 이에 따라 집 앞, 그리고 골목길 CCTV와 차량용 블랙박스에서부터 출근시간에 사용한 교통카드와 식사비를 지급하기 위하여 사용한 신용카드, 업무 중에 사용했던 컴퓨터와 휴대 전화까지 거의 모든 일상에서 일거수일투족이 관찰되어 기록되고 있는 것이 현실이다. 과학기술, 특히 정보통신기술의 발전으로 이룩된 정보사회의 편리성과 보안성이 찬양되기도 하지만 이러한 기술들이 부메랑이 되어 감시사회의 통제수단이 될 수 있다는 사실에 민감할 필요가 있다. 이 책이 한국사회에서 감시에 관한 활발한 논의의 촉매제가 되기를 기대한다. 교정을 위해 수고해 준 조교 남중권과 편집을 위해 애를 쓴 고려대학교출판부 편집진에 감사의 마음을 전한다.

2014년 첫눈을 기다리며
안암동 연구실에서

차례

제1장 감시의 개념과 유형

I. 감시의 개념

1. 용어

도로와 건물의 도처에 설치된 폐쇄회로 텔레비전(이하 'CCTV'로 약칭)[1]과 수많은 자동차에 장착된 블랙박스[2]가 사람들의 행동을 상시적으로 관찰하여 기록하고 있다. 또한 인공위성을 이용한 지피에스(GPS: global positioning system)나 주파수를 이용한 전자태그(RFID: Radio Frequency Identification) 시스템에 의하여 휴대전화나 신용카드를 이용하는 사람들의 위치와 시간이 수시로 관찰되어 기록되고 있다. 이처럼 사람들의 행동이나 위치를 관찰하는 행

---

1 폐쇄회로 텔레비전(closed circuit television: CCTV)은 일반적인 텔레비전과 같은 원리가 적용된다. 일반적인 텔레비전은 송출된 화상을 모든 수상기에서 수신할 수 있지만 폐쇄회로 텔레비전은 특정한 수상기에서만 화상을 수신할 수 있다는 점에서 차이가 있다. 폐쇄회로 텔레비전에서 화상의 송·수신은 일반적으로 유선이 사용되지만 무선이 사용되기도 한다. 최근에는 카메라에 웹서버가 장착되어 인터넷을 통해 카메라에 접속하면 어디서나 촬영된 영상을 볼 수 있는 '네트워크 카메라'도 등장하였는데, 일상적으로는 CCTV와 네크워크 카메라를 구분하지 않고 모든 영상감시장비를 CCTV로 부르기도 하지만 엄밀하게 말하면 양자는 구분될 수 있다.

2 블랙박스(Black Box)는 본래 항공기에 설치되어 비행 기록을 저장하는 장치를 지칭하는 용어다. 최근에는 자동차에 설치된 카메라도 흔히 블랙박스라 부르는데 올바른 명칭은 'dashboard camera'다. 그러나 일상적으로 자동차에 설치된 카메라도 블랙박스로 부르고 있기 때문에 오해가 없는 한 이 용어를 사용하기로 한다.

위(observation)나 기록하는 행위(recording)를 흔히 '감시'라고 부른다. 감시는 원래 죄수를 수용하여 관리하는 시설인 감옥(監獄)과 친하다.[3] 하지만 벤담(J. Bentham)이 상상해 낸 "파놉티콘(panopticon)"이라는 원형의 감옥에서 교도관들이 죄수의 모든 것을 관찰하듯[4] 오늘날 다양한 전자기기들이 시민의 일거수일투족을 일상적으로 관찰하고 있다. 조지 오웰(J. Orwell)이 1948년에 완성(출판은 1949년)하여 제목이 붙여졌다고 알려진 그의 작품《1984》에서 "텔레스크린(telescreen)"[5]으로 예언했던 수많은 감시장치들이 시민들의 일상을 훔쳐보고 있다.

감시가 주는 어감은 무엇보다도 '몰래 엿본다(peek)' 또는 '몰래 엿듣는다(eavesdrop)'는 의미에 함축된 '은밀성'이다. 하지만 대부분의 CCTV나 블랙박

---

3 혹자는 감시가 인간사회의 탄생과 더불어 시작되었다고 주장하기도 한다. 로빈 터지(R. Tudge)/추선영 역,《감시사회, 안전장치인가, 통제도구인가?》(2013), 46-47면: "에덴동산에 살던 아담과 이브는 먹어서는 안 되는 열매를 따먹어 신의 말씀을 거역하는 최초의 범죄를 저질렀다. 열매를 따먹은 아담과 이브는 자신들이 벌거벗었다는 사실을 깨닫고 누군가 자신들을 보고 있을지도 모른다는 불안감에 사로잡혀 무화과 나뭇잎으로 각자의 생식기를 가렸다. 전지한 신은 이 과정을 모두 지켜보았으면서도 아담과 이브에게 자백을 강요했다. 아담은 열매를 따먹으라고 이브를 꾄 뱀과 자신에게 열매를 권한 이브를 맹렬히 비난하고 저주했다. 두 사람은 결국 에덴동산에서 쫓겨났다. … 그러므로 누군가 지켜보고 있다는 개념과 법질서를 준수하고 있는지 스스로 돌아보는 자기검열이라는 개념은 적어도 성서가 기록된 이래로 줄곧 인간의 마음을 지배해 온 것이 분명하다."

4 제러미 벤담(J. Bentham)/신건수 역,《파놉티콘(Panopticon)》(2007), 22면: "여러분에게 제안하는 감옥은 원형 건물이다. 어쩌면 이것은 한 건물 안에 다른 하나를 넣은 두 채의 건물이라고 말하는 것이 나을지도 모른다. 감옥 둘레에는 둥근 모양의 6층짜리 바깥 건물이 있다. 이곳에 죄수들의 수용실이 있어 배치된다. 수용실 내부는 두껍지 않은 쇠창살로 되어 있어 한눈에 [안을] 볼 수 있으며, 수용실 문이 안쪽으로 열린다. 각 층에는 좁은 복도가 있으며, 이 복도는 하나로 통해 있다. 각 수용실의 문은 이 복도로 나 있다. 중앙에는 탑이 하나 있다. 그곳에 감독관들이 머문다. 이 탑은 3층으로 나뉘어 있다. 각 층은 수감자 수용실들을 2층씩 내려다보도록 구성되어 있다. 또한 감시탑은 바깥을 환히 내다볼 수 있는 발로 가려진 복도로 둘러싸여 있다. 이 장치[발]로 인해 감독관들은 [수감자들에게] 잘 보이지 않으면서 수용실 전체를 구석구석 감시할 수 있다. 결과적으로 좁은 공간에서 3분의 1의 수감자를 한눈에 볼 수 있어 쉽게 전체를 살필 수 있다. 이러한 경우 감독관이 자리에 없더라도 [이를 확인할 수 없는 수감자들은 감독관이] 있다고 여겨 실제로 자리에 있는 것 같은 효과를 낸다."

5 조지 오웰(G. Orwell)/정회성 역,《1984》(2003), 11면: "텔레스크린은 수신과 송신을 동시에 행한다. 이 기계는 윈스턴이 내는 소리가 아무리 작아도 낱낱이 포착한다. 더욱이 그가 이 금속판의 감시 범위 안에 들어 있는 한, 그의 일거일동은 다 보이고 들린다."

스는 감시받는 사람들이 그 설치 사실을 이미 알고 있다는 점에서 은밀성이 감시의 필수적 요소는 아니다. 최근의 감시는 대부분 감시받는 사람들에게 고지되어 인지되고, 심지어 감시받는 사람들의 동의를 받아 진행된다는 점이 특징이다. 한편 감시는 '단속한다(control)'는 의미에 내재된 '통제의 의도'를 포함한다. 그렇지만 수많은 CCTV나 블랙박스에서 알 수 있듯이 그것을 설치한 의도는 반드시 통제에 국한되는 것이 아니라 단순한 정보수집에서부터 감시받는 사람들에 대한 보호에 이르기까지 다양하다. 따라서 감시의 의미는 단순히 '훔쳐본다'거나 '훔쳐 듣는다' 또는 '위법사실을 확인한다'는 수준에 한정될 수 없고, 다양한 관찰행위와 이를 통한 정보의 수집행위까지 확대될 필요가 있다.

감시와 비슷한 용어로는 감독, 감찰, 감사, 사찰과 같은 것들이 있고, 감시를 표현하는 영어로는 서베일런스(surveillance), 모니터링(monitoring), 슈퍼비전(supervision)과 같은 단어들이 있다. 이 가운데 우선 슈퍼비전은 법적 권한이나 의무를 가진 사람만이 행할 수 있다는 점에서 좁은 의미의 감시인 '감독'과 같은 의미로 이해된다. 또한 '감찰'의 경우에도 권한을 가진 주체의 행위라는 점에서 감독과 유사하다. 한편 감사(audit)는 사실관계를 사후적으로 확인하는 조사(inspection)를 의미한다는 점에서 사전적인 관찰을 의미하는 감시와는 차이가 있다. 그리고 '사찰'은 주로 불법적인 정보수집이라는 점에서 합법적인 정보수집도 포함하는 감시와 구분된다. 따라서 감시는 서베일런스나 모니터링으로 번역될 수 있는데 굳이 구분을 한다면 서베일런스는 대상을 특정하지 않고 포괄적으로 관찰하는 행위를, 모니터링은 특정한 대상에 대하여 개별적이고 구체적으로 관찰하는 행위를 의미할 수 있다.[6]

---

6 유사한 개념정의를 사용하는 예로 한상희, 〈감시 없는 세상 꿈꾸기 — 전자주민증: 신분증명제도를 중심으로〉, 《감시사회》(2012), 191-192면: "보통 감시라고 했을 때 여러 가지 감시의 틀들이 있는데 크게 두 가지 정도로 나눕니다. 한 가지는 모니터링(monitoring)인데 이것은 특정 대상을 찍어서 저 녀석이 뭘 하고 있는가를 추적해나가는 것입니다. 개별적이고 구체적인 사람에 대한 감시라고 보시면 될 겁니다. … 다른 하나는 서베일런스(surveillance)라고 하는 것입니다. 일반적으로

2. 개념징표

(1) 정보수집

감시는 기본적으로 일정한 대상(사람)을 '관찰'하여 그 대상에 관한 '정보'를 수집한다. 여기서 관찰은 인간의 모든 감각을 활용하여 일정한 대상을 인지(cognition)하거나 인식(perception)하는 작용이고, 그 결과로 얻어진 지식(knowledge)을 정보라 할 수 있다.[7] 그렇기 때문에 관찰은 시각을 이용한 것뿐만 아니라 청각이나 미각 또는 후각이나 촉각 등을 이용한 것도 포함한다. 따라서 '감시'라는 우리말에서는 시각이 부각되지만 청각이 강조되는 '감청'을 포함하는 넓은 의미로 이해할 필요가 있다. 일정한 정보는 '수집(collection)'되면 저장되어 보관되고 관리될 뿐만 아니라 이용되고, 특정한 제3자에게 제공되거나 불특정다수에게 공개되며 종국적으로 폐기됨으로써 다양한 형태로 '처리'될 수 있으므로 감시는 정보의 수집행위뿐만 아니라 처리행위도 포함한다.[8] 수집되는 정보에는 관찰되는 대상의 개인정보(해당 개인을 식별할 수 있는 정보)뿐만 아니라 말과 행동 및 위치 등이 포함된다. 이처럼 정보의 수집을 목적으로 하는 감시는 특히 특정한 대상의 개인정보를 수집하여 해당 개인이 누구인지 신원을 확인하는 데 활용된다는 점에서 감시의 핵심적인 기능 가운데 하나는 '개인식별(identification)'이라 할 수 있다. 감시에서는 무엇보다도 지금 감시되고 있는 대상이 누구인지에 관한 정보가 가장 중요하기 때

CCTV를 켜놓고 어떤 녀석이 지나가나 기다리는 것이죠. … 불특정 다수를 정해진 장소에서 감시하는 것이죠. … 이 감시의 틀은 포괄적이고 전반적으로 감시합니다."

7 정보(information)의 개념과 특성에 관한 자세한 논의는 남중권, 〈개인위치정보 감시에 관한 헌법적 연구〉, 고려대학교 대학원 석사학위논문(2014), 7면 이하 참조.

8 개인정보 보호법에 따르면 개인정보를 '처리'하는 행위에는 "개인정보의 수집, 생성, 연계, 연동, 기록, 저장, 보유, 가공, 편집, 검색, 출력, 정정(訂正), 복구, 이용, 제공, 공개, 파기(破棄), 그 밖에 이와 유사한 행위"가 모두 포함됨에 따라(동법 제2조 제2호) 처리는 수집을 포함하는 가장 포괄적인 개념으로 사용된다. 감시를 다루는 이 책에서는 감시에서 기초적인 의미를 가지는, 최초에 정보가 수집되는 단계를 부각시키기 위하여 정보를 수집하는 행위와 정보가 수집된 후의 행위로 나누어 후자만을 처리로 부르기로 하고, 수집과 처리를 구분할 필요가 없는 경우에는 수집 이후의 모든 처리 과정까지 단순히 '수집'이라는 용어만으로 가리키기로 한다.

문이다. 신원정보를 포함하여 관찰대상에 관한 정보의 수집이 배제된 관찰행위는 단순히 쳐다보는 '관람(watching)'일 뿐이고, 감시라고 말할 수는 없다. 관람행위 가운데 특별히 집중하거나 주의를 기울이는 '응시(staring)'나 '주시(watching closely)'의 경우에도 응시나 주시의 대상에 대한 정보의 수집이라는 목적이 없다면 감시라고 볼 수 없다.[9] 물론 애초에 정보수집이 배제된 단순한 관람행위가 존재할 수 없다고 한다면 사실상 모든 관찰행위는 정보수집을 포함함으로써 감시행위에 해당한다. 그렇다면 관찰과 감시는 동일한 의미로 이해될 수 있지만 적어도 개념적으로는, 그리고 실제로도 정보수집이 없는 관찰, 즉 단순히 보는 행위도 가능하다는 점에서 감시에서 최소한의 개념적 표지는 정보수집이다.

(2) 감시목적

감시는 단순한 정보수집에 그치는 경우도 있지만 대부분 수집된 정보를 이용하여 보안을 강화하거나 수익을 올리는 등 다양한 목적과 의도가 포함되어 있다. 예를 들어 파놉티콘과 같은 감옥(교정시설)에서 이루어지는 감시의 우선적인 목적은 죄수(수용자)의 탈출을 예방하고 죄수들이 수용된 감옥의 질서를 유지하며 효과적으로 관리하고 통제하는 것이다. 이처럼 감시는 반드시 그 목적이나 의도가 포함되어야 하므로, 적어도 개념적으로는 목적과 의도가 전혀 없는 단순한 정보수집과 일정한 목적과 의도를 가진 감시는 구분되어야 한다. 물론 정보수집 자체가 하나의 목적 또는 의도라거나 애초에 목적이나 의도가 없는 정보수집은 존재하지 않는다고 주장하면 단순한 정보수집과

---

9 정보의 수집과 처리를 목적으로 일정한 장비가 일단 설치되면 실제로 그러한 결과를 얻지 못하였다고 하더라도 감시라고 부를 수 있다. 예컨대 일정한 장소에 설치된 CCTV가 작동하지 않아 정보의 수집과 처리의 기능을 수행하지 못했더라도 그러한 의도로 계획된 감시가 존재하지 않았다고 말할 수는 없다. 특히 공개된 감시장비의 경우에는 감시장비가 설치되어 있다는 사실만으로도 감시받는 대상은 감시장비를 의식하지 않을 수 없으므로 감시장비의 설치만으로도 감시의 목적을 달성했다고 볼 수도 있다는 점에서 감시가 없었다고 할 수는 없다.

감시는 구분되지 않을 수도 있고, 모든 정보수집은 감시행위가 된다. 결국 모든 관찰행위가 언제나 정보수집을 포함하고, 모든 정보수집이 반드시 일정한 목적이나 의도를 가진다면 모든 관찰행위는 감시행위일 수 있다. 하지만 단지 보기만 한다는 의미에서 정보수집이 없는 관찰행위도 가능하고, 순수하게 정보를 얻기만 하겠다는 의미에서 다른 목적이나 의도가 없는 정보수집도 존재할 수 있다는 점에서 단순한 관찰이나 순수한 정보수집과 감시는 구분될 필요가 있다.[10]

종래에 '감시'라고 하면 경찰이나 감옥을 쉽게 떠올렸던 것처럼, 그 목적이나 의도는 감시대상의 범칙행위나 질서위반행위를 확인하여 일정한 제재를 가함으로써 감시대상의 행동을 규제하는 단속이나 통제인 경우로 한정되어 사용되었다. 하지만 단속이나 통제가 반드시 외부적으로 개입하여 행동을 규제하는 것은 아니고, 단지 감시대상을 관찰하여 그에 관한 정보를 수집하는 것만으로도 감시대상 스스로 내면적 규율을 통해 행동이 제약받을 수 있다는 점에서 모든 정보수집은 단속과 통제를 의미하는 감시일 수 있다. 결국 감시에서 법령이나 질서를 위반하는 행위를 단속하고 통제하는 기능은 여전히 중요하지만 그것만이 감시의 유일한 징표라고 말할 수는 없다.

한편 우선적으로 범칙행위나 질서위반행위의 단속이나 통제를 목적으로 했던 감시는 감시받는 대상에게 들키지 않도록 그 목적과 의도를 숨긴 채 진행되었다. 그렇지만 단속이나 통제가 반드시 감시의 목적과 의도를 숨기면서 진행되는 경우에만 그 효과를 거두는 것은 아니라는 점이 확인되면서, 최근의 단속이나 통제는 감시의 목적과 의도를 분명하게 알리고 심지어 감시받는 사람의 동의를 얻어 진행함으로써 고지와 동의를 통한 감시의 내면화와 자기검열로 단속과 통제의 효과가 실현되고 있는 점에 주목할 필요가 있다. 이처

10 그러나 감시를 잠재적 감시까지 포함하는 넓은 개념으로 이해한다면 단순한 관찰이나 순수한 정보수집도 감시의 유형에 포함될 수 있을 것이다. '의도적 감시'와 '잠재적 감시'의 구분에 관해서는 이 책 제1장 Ⅱ. 3.(19면) 참조.

럼 감시의 목적이나 의도를 굳이 전면에 내세우지 않더라도, 그리고 감시 사실을 감추지 않고 그 목적이나 의도를 차라리 드러내더라도 감시의 효과를 충분히 달성할 수 있다는 점에서 감시는 단순한 정보수집뿐만 아니라 목적과 의도를 드러낸 감시까지 포함한다. 다만 감시의 목적이나 의도를 드러낸다고 감시의 수단이나 방법까지 공개하는 것은 아니며, 감시의 목적이나 의도를 숨긴다고 감시의 수단이나 방법까지도 은밀해지는 것만은 아니라는 점을 유의할 필요가 있다.

(3) 감시효과

감시는 그 효과나 기능 면에서 보안이나 질서유지, 또는 사고 예방이나 범죄 예방과 같은 긍정적인 경우도 있지만 사생활에 대한 침해나 행동의 자유에 대한 위축과 같은 부정적인 경우도 있다. 감시가 가져오는 효과나 수행하는 기능과 상관없이 감시는 일정한 목적이나 의도를 가지고 수행되는 정보수집인 것만으로 충분하다. 부정적인 효과나 기능을 가진 감시만을 진정한 감시로 이해하는 입장에 따르면 일정한 긍정적 효과나 기능을 가진 감시는 처음부터 감시의 개념에서 배제된다. 하지만 오로지 긍정적 효과나 기능만을 가진 감시가 도대체 존재할 수 있는지에 대해서 의문이 제기될 뿐만 아니라 긍정적 효과나 기능과 부정적 효과나 기능의 구분 자체가 명확하지 않다는 점에서 감시의 효과나 기능에 따라 감시 여부를 결정하는 것은 타당하지 않아 보인다. 어떠한 효과를 발생시키고 어떠한 기능을 발휘하든 정보수집의 의도를 가지고, 특히 일정한 목적을 달성하기 위하여 관찰하는 행위는 감시행위가 된다.

(4) 감시반응

감시를 받는 사람(피감시자)의 입장에서 그것으로 불편하고 불쾌한 감정을 일으켰다면 감시이고, 그렇지 않으면 감시가 아니라고 말할 수도 있다. 감시의 개념을 정의하기 위하여 감시를 받는 사람의 '주관적 감정'이 고려될 수는 있겠지만 오로지 이러한 주관적 감정만이 감시의 개념을 정의하는 데 고려되어야 하는 요소는 아니다. 앞서 언급한 정보수집, 감시목적, 감시효과를 전제로 추가적으로 감시를 받는 사람의 주관적 감정까지 고려된다면 감시의 개념을 정의하는 하나의 표지로 포함될 수 있다. 하지만 감시받는 사람의 주관적 감정에 따라서만 감시인지 여부를 결정한다면 감시에 대한 객관적 판단이 불가능해질 수 있다.

(5) 감시동의

감시받는 사람의 동의를 받지 않고 강제적으로 진행되는 경우만을 감시라고 부를 수도 있지만 감시받는 사람의 동의를 받고 임의적으로 진행되는 경우도 감시에 포함시킬 수 있다. 감시의 본질을 '일방성(비대칭성)'에서 찾는 입장에서는 감시의 개념적 징표로서 감시받는 사람의 동의가 없을 것을 요구할 수 있고, 감시받는 사람의 동의를 받은 감시는 애초에 감시의 개념에 포함시키지 않을 가능성이 있다. 하지만 감시주체가 감시대상이 될 뿐만 아니라 감시대상이 감시주체가 되는 상호적이고 쌍방향적인 감시도 가능하다는 점에서 일방성은 감시의 본질적 요소로 볼 수 없다. 따라서 감시받는 사람의 동의를 받지 않은 '강제적 감시'뿐만 아니라 감시받는 사람의 동의를 받은 '임의적 감시'도 감시의 범주에 포함되기 때문에 감시받는 사람의 동의가 없어야 할 것이 반드시 감시의 개념적 징표로 요구된다고 볼 수는 없다.

물론 외형적으로는 감시받는 사람의 자발적 동의가 있다고 하더라도 실제로는 다른 사람들이 받는 혜택에서 배제되지 않기 위하여 억지로 동의한 경우에는 여전히 강제적 감시로 이해될 수 있고, 그 배후에는 혜택을 주는 감시자와 혜택을 받는 피감시자의 구조적 비대칭성(불평등)이 존재한다.[11] 따라서

---

11 이러한 구조적 비대칭성에 기초하여 감시가 자발적 동의의 외관을 보이는 경우에도 사실상 강제적 동의의 실질을 가짐으로써 감시의 본질을 여전히 비대칭성에서 찾으려는 견해는 렉 휘태커(R.

감시받는 사람의 동의를 받은 임의적 감시의 경우에도 여전히 감시자와 피감시자의 일방성이 존재하여 일방성이 감시의 본질적 표지라고 주장할 수도 있다. 하지만 감시에 대한 자발적 동의는 모든 구조적 비대칭성이 완벽하게 제거된 상태에서만 가능하다고 본다면 이러한 이상적인 상태는 현실적으로 실현불가능하다는 점에서 감시에 대한 동의는 감시자와 피감시자의 현실적인 구조적 비대칭성으로 인하여 언제나 강제적일 수밖에 없고, 모든 감시는 강제적 감시여야 한다. 이처럼 동의의 강제성을 구조적 비대칭성으로 인한 것까지 확대하면 감시의 본질적 징표로서 일방성은 유지될지 몰라도 동의의 자발성을 전혀 인정하지 않는 비현실적인 결론을 피할 수 없게 된다. 따라서 감시의 개념에서 일방성의 표지를 고집할 필요는 없고, 감시받는 사람의 동의를 얻은 임의적 감시의 의미를 감시받는 사람이 감시의 과정에 참여하는 정도로 약화시킬 필요도 없다.

감시의 개념에 대한 입장

	정보수집	감시목적	감시효과	감시반응	감시동의
입장1	O	X	X	X	X
입장2	O	O	X	X	X
입장3	O	O	O	X	X
입장4	O	O	O	O	X
입장5	O	O	O	O	O

II. 감시의 유형

감시는 누가(주체), 무슨 법적 근거로(권한), 왜(목적 · 의도), 무엇을(대상), 어떤 방식으로(수단) 수행하는지에 따라, 그리고 그 결과를 어떻게 보는지(평가)에 따라 다양한 유형으로 구분될 수 있다.

Whitaker)/이명균 · 노명현 역, 《개인의 죽음(The End of Privacy: How Total Surveillance is Becoming a Reality)》(2007), 201면 이하 참조.

1. 국가에 의한 감시와 사인에 의한 감시

감시는 그 주체에 따라 구분될 수 있는데 우선 국가가 주체일 수 있다. 또한 국가뿐만 아니라 기업이나 학교와 같은 단체 및 개인을 포함한 사인(私人)도 감시의 주체가 될 수 있다. 이처럼 감시는 그 주체에 따라 ① '국가에 의한 감시'와 ② '사인에 의한 감시'로 구분될 수 있다. 감시의 주체가 국가인 경우에 국가를 구성하는 국민을 감시할 수도 있지만 다른 국가를 감시할 수도 있다. 국가가 행하는 국민에 대한 감시는 사고 예방이나 범죄 예방이라는 공익 목적으로 정당화된다. 국가기관에 의하여 거리 곳곳에 설치된 CCTV나 범죄자에게 착용시킨 위치추적장치(전자발찌) 또는 통신감청이 대표적인 예에 해당한다. 또한 국가가 행하는 다른 국가에 대한 감시는 국가안보를 위한 첩보행위(intelligence)로 정당화되기도 한다. 한편 감시의 주체가 사인인 경우에 사인은 다른 사인을 감시할 수도 있고, 국가를 감시할 수도 있다. 사인에 의한 감시에는 배우자의 부정행위를 감시하는 행위에서부터, 기업이 근로자를 감시하는 행위나 자녀를 어린이집에 맡긴 부모가 보육교사를 감시하는 행위도 여기에 포함된다. 또한 국가권력의 오용이나 남용을 감시하는 시민단체의 행위도 사인에 의한 감시에 포함될 수 있다.

2. 합법적 감시와 불법적 감시

감시는 법적 근거를 가지고 행해지는 '합법적 감시'와 법적 근거 없이 행해지는 '불법적 감시'로 구분할 수 있다. 이처럼 감시의 합법성과 불법성을 가르는 결정적인 기준은 법적 근거의 존재 여부다. 하지만 감시의 합법성은 단지 감시를 위한 법적 근거가 존재한다는 데에만 있지 않고, 감시의 근거가 되는 법규범의 내용이 정당해야 한다는 요청까지도 포함한다. 합법적 감시에서 요구되는 내용적 정당성을 충족하기 위해서는 본질적으로 정보수집을 의미하는 감시에서 정보가 수집되는 사람(피감시자)의 '동의'를 필요로 한다. 또한 정보수집을 위하여 피감시자에게 제시된 '목적'의 범위 안에서만 수집된 정보가 사용되어야 하고, 이러한 목적 범위를 넘어서면 불법적인 감시가 된다. 한편 감시되는 사람의 동의 없이 정보를 수집하는 경우에는 '법적 요건과 절차'를 준수하는 한도 내에서만 허용된다. 만약 법적 요건과 절차를 준수하지 않은 채 본인의 동의 없이 정보를 수집하면 불법적인 감시가 된다. 예를 들어 통신비밀보호법에 따라 허용되는 통신감청은 "범죄를 계획 또는 실행하고 있거나 실행하였다고 의심할만한 충분한 이유가 있고 다른 방법으로는 그 범죄의 실행을 저지하거나 범인의 체포 또는 증거의 수집이 어려운 경우"라는 요건을 충족하여야 하고(동법 제5조 제1항), 검사의 청구로 법원의 허가를 받는 절차를 준수하여만 한다(동법 제6조 제1항 및 제5항). 이처럼 감시의 요건과 절차를 준수하였는지 여부를 사전에 구체적으로 판단하는 역할은 법원이 담당하는 것이 합리적이다.

3. 의도적 감시와 잠재적 감시

모든 정보수집이 감시인 것은 아니라면, 처음부터 감시의 목적을 가지고 행해지는 경우 외에, 애초에 감시의 목적이 없이 이루어진 단순한 정보수집 이후에 수집된 정보를 사후에 감시의 목적으로 이용하는 경우도 있다. 후자의 경우 처음에는 감시의 목적이 없었으나 사후에 감시의 목적이 추가되면 감시로 전환된다는 점에서 처음부터 의도된 '의도적 감시'와 달리 '잠재적 감시'라고 부를 수 있다. 감시로 수집된 정보는 애초에 제시된 감시의 목적을 일탈하여 다른 목적으로 전용될 수 있기 때문에 사실상 모든 의도적 감시는 잠재적 감시로 변화될 가능성이 있다. 예컨대 차량파손이나 교통사고가 발생했을 때 증거로 사용하기 위하여 자동차에 설치한 블랙박스에 수집된 정보가 범죄수사에 활용되거나 특정한 범죄를 수사하는 과정에서 감청으로 수집된 정보로부터 다른 범죄사실이 확인되어 새로운 수사를 개시하는 경우가 그에 해당한다. 이처럼 최근의 정보수집기술은 많은 경우에 감시가 본래의 목적을 넘어 폭넓은 정보수집이 가능하도록 만들었기 때문에 정보수집목적에 한정된 감시의 제한이 어려워진 것이 현실이다.

4. 외부적 감시와 내면적 감시

일반적으로 감시는 주체와 대상(피감시자)이 구분되어 감시대상의 측면에서 볼 때 감시주체가 자신의 외부에 존재하는 '외부적 감시'를 의미한다. 따라서 '자기 자신을 감시한다'는 말은 감시주체와 감시대상이 구분되지 않음으로써 개념상으로는 모순적일 수밖에 없다. 하지만 감시가 지속적으로 이루어짐으로써 감시주체가 더 이상 존재하지 않거나 일시적으로 감시를 중단한 경우에도 감시대상은 감시주체가 계속해서 존재하고 항시적으로 감시한다는 착각을 가질 수 있다. 이러한 현상을 '감시의 내면화'라고 부를 수 있는데 이러한 상황이 되면 감시 대상은 감시주체가 자신을 꾸준히 감시한다는 전제에서 말과 행동을 할 수밖에 없다. 이처럼 가상의 감시주체를 전제로 자기 자신을 감시하는, 감시주체와 감시대상이 분리되지 않는 '내면적 감시'도 가능하다. 흔히 '자기검열'로 부르는 현상은 가상의 감시주체를 상정하여 자기 자신에 대하여 행해지는 내면적 감시를 의미한다. 감시대상이 감시를 내면화함으로써 감시주체가 없어도 스스로를 감시하도록 하여 감시대상을 수월하게 관리하고 통제하려는 것이 감시주체의 본래적 의도임을 '파놉티콘'은 잘 보여준다. 또한 작동하지도 않는 감시설비를 불특정 다수인이 볼 수 있도록 설치하거나 감시설비가 설치되지도 않은 구역에 감시설비가 설치되어 있다는 안내판을 부착함으로써 실제로 감시설비가 설치되어 작동하는 것처럼 감시대상이 행동하게 하는 것도 감시의 내면화를 통한 관리와 통제의 좋은 예가 된다.

5. 관음적 감시와 주시적 감시

감시대상의 어떤 부분이 감시되고 있는지에 따라서 신체나 일상생활의 매우 은밀한 부분으로서 감시받으면 대부분의 사람들이 심한 수치심이나 불쾌감을 갖게 되는 사항에 대한 '관음적(voyeuristic) 감시'도 있지만, 굳이 드러내고 싶지는 않지만 공개된다고 해도 대부분의 사람들이 약간의 불쾌감은 가질 수 있을지언정 크게 문제 삼지 않는 사항에 대한 '주시적(scrutinizing) 감시'도 있다. 예컨대 성기와 같은 신체의 은밀한 부위나 성생활과 같은 내밀한 일상생활이 감시되기도 하지만 이동경로나 접촉대상과 같은 반복되는 일상이 감시되기도 한다. 관음적 감시는 여성의 누드를 몰래 훔쳐보는 남성의 경우처럼 감시주체의 성적 관심을 충족하기 위한 목적에서 이루어지기도 하지만 불륜현장을 감시하는 심부름센터의 경우처럼 감시주체의 성적 관심을 충족시키는 것이 주된 목적이 아닌 경우도 있다. 주시적 감시는 적어도 불특정다수에게 공개된 일상생활을 대상으로 하기 때문에 대부분의 사람들에게는 특별히 문제되지 않을 수도 있지만 사람에 따라서는 매우 은밀한 영역에 대한 감시의 경우와 같은 정도의 불쾌감을 발생시킬 수도 있다.

관음적 감시와 주시적 감시의 구분은 비밀이 요구되는 영역을 매우 내밀한 영역과 그 정도는 아니지만 여전히 내밀한 영역으로 구분하는 것을 전제로 하는데, 문제는 그 기준이다. 대부분의 사람들은 매우 내밀한 영역으로 생각하는 어떠한 사항에 관해서 내밀한 영역으로 생각하지 않는 사람들이 있을 수 있고, 그 반대도 가능하다. 아무튼 공개하고 싶지 않은 내밀한 영역이 그 정도에 따라 구분될 수 있고, 적어도 대부분의 사람들이 그러한 구분을 인정할 수 있다면 관음적 감시와 주시적 감시가 구분될 수 있고, 경우에 따라서 주시적 감시는 감시의 범위에 포함시키지 않는 견해도 존재할 수 있다. 개인정보 보호법은 사상 · 신념, 노동조합 · 정당의 가입 · 탈퇴, 정치적 견해, 건강, 성생활 등에 관한 정보를 "민감정보"로 지칭하면서 "사생활을 현저히 침해할 우려가 있는 개인정보"로 정의하고 있는데(동법 제23조 제1항),[12] 이러한 민감정보가 관음적 감시의 대상이 될 수 있다.

---

12 개인정보 보호법 시행령에 따르면 그 밖에도 ① 유전자검사 등의 결과로 얻어진 유전정보 및 ② 「형의 실효 등에 관한 법률」에 따른 범죄경력자료에 해당하는 정보가 민감정보에 포함된다(동시행령 제18조).

6. 인적 감시와 기술적 감시

감시는 사람이 직접 감시하는 '인적 감시'와 함께 기술적 장치를 이용한 '기술적 감시'도 가능하다. 감시의 대상을 육안(肉眼)으로 쳐다보거나 미행함으로써 관찰하는 행위가 인적 감시라면 감시의 대상을 도청장치나 카메라 또는 위치추적장치 등과 같은 기술적 장치를 이용하여 관찰하는 행위는 기술적 감시에 해당한다. 특히 전자적 기술에 의한 감시를 '전자감시'로 부르기도 한다.[13] 과거의 감시는 인적 감시에 한정되었지만 최근에 정보수집 · 처리기술의 발전은 기술적 감시를 확대함으로써 감시의 가능성과 범위를 증대시키고 있다. 더욱이 인적 감시는 수집된 정보의 저장과 보관에 한계가 있었지만 기술적 감시는 수집된 정보의 저장과 보관은 물론 사용이나 유통까지도 대단히 용이하게 만들었다. 인적 감시는 정보수집이 사람에 의해서 이루어지는 만큼 감시하는 사람의 인지력과 기억력에 의존할 수밖에 없었지만 기술적 감시의 경우에는 수집과 동시에 정보를 무제한적으로 저장할 수 있고 검색해낼 수 있게 되었기 때문이다. 그만큼 감시의 범위와 강도가 확대되고 있다는 사실을 확인할 수 있다.

7. 은밀한 감시와 공개된 감시

감시는 감시대상자가 감시받고 있다는 사실을 알 수 없도록 몰래 진행되는 '은밀한 감시'도 있지만 감시대상자가 감시받고 있다는 사실을 알고 진행되는 '공개된 감시'도 있다. 범죄수사나 국가안보를 목적으로 전화나 이메일에 대하여 행해지는 감청은 감청대상자가 감청 사실을 모르도록 은밀하게 진행되지만 범죄 예방이나 화재 예방 또는 교통단속 등을 목적으로 하는 CCTV 촬영은 촬영대상자가 촬영 사실을 알 수 있도록 고지된 채로 진행된다. 예컨

---

13 전자감시의 다양한 유형에 대해서는 최승원, 〈전자감시와 개인정보보호〉, 《법학논집》(이화여자대학교 법학연구소), 제11권 제1호(2006), 100면 이하; 박정훈, 〈전자감시와 프라이버시의 관계 정립에 관한 연구〉, 《법조》(법조협회), 제59권 제6호(2010), 128면 이하 참조.

대 통신비밀보호법에 근거하여 허용되는 전기통신 감청은 당사자의 동의 없이 법원의 허가서를 받으면 가능하지만, 개인정보 보호법에 따르면 CCTV와 같은 영상정보처리기기를 설치 · 운영하는 사람은 정보주체가 쉽게 인식할 수 있도록 안내판을 설치하는 등과 같은 필요한 조치를 해야 할 의무가 있다(동법 제25조 제4항).[14] 은밀한 감시는 범죄와 같이 비밀스럽게 진행될 수밖에 없는 특정한 행위를 감시하여 수사의 단서로 삼아 범죄를 예방하거나 범죄자를 색출하는 데 사용되는 반면에 공개된 감시는 불특정 다수인에게 감시 사실을 알림으로써 잠재적 범죄자에게 범죄를 저지르지 않도록 예방하는 데 사용된다는 점에서 차이가 있다.

8. 강제적 감시와 임의적 감시

감시받는 사람의 동의를 받지 않은 채 수행되는 '강제적 감시'도 있지만 감시받는 사람의 동의를 받은 후에 수행되는 '임의적 감시'도 있다. 강제적 감시든 임의적 감시든 공개적으로 수행될 수도 있고 은밀하게 수행될 수도 있다는 점에서 강제적 감시가 반드시 은밀한 감시이거나, 임의적 감시가 반드시 공개적 감시일 필요는 없다. 이처럼 감시방법과 감시동의 사이에 논리필연적 관계가 존재하지 않기 때문에 은밀한 감시와 공개된 감시의 구분과 더불어 강제적 감시와 임의적 감시의 구분은 독자적인 의미를 가진다. 감시의 본질적 표지로서 일방성이나 은밀성을 강조하게 되면 감시받는 사람의 동의 없이 수행되는 강제적 감시만이 감시이고, 감시받는 사람의 동의를 얻어 수행되는 임의적 감시는 애초에 감시의 개념에 포함되지 않는다. 하지만 감시는 감시받는 사람의 동의 여부와 상관없이 감시받는 사람을 관찰하여 그에 관한 정보를 수집하는 행위이면 충분하기 때문에 감시받는 사람이 동의하지

14 개인정보 보호법 시행령에 따르면 CCTV와 같은 영상정보처리기기의 설치를 안내하는 표지판에는 ① 설치 목적 및 장소, ② 촬영 범위 및 시간, ③ 관리책임자의 성명 및 연락처가 포함되어야 한다(동시행령 제24조 제1항).

않은 강제적 감시뿐만 아니라 감시받는 사람이 동의한 임의적 감시까지도 포함한다.

9. 침해적 감시와 차별적 감시

감시는 기본적으로 비밀에 대한 침해를 의미하지만 감시의 대상이 특정 집단에 한정되는 경우에는 그 집단에 대한 불이익을 초래함으로써 평등에 대한 침해를 의미할 수도 있다. 기본권을 자유권과 평등권으로 구분할 때 자유권에 대한 제한은 그 정도가 과도할 때 침해가 되는 반면에 평등권은 자유권과 같은 보호법익이 없어 그에 대한 침해에 이르는 과도한 제한이 애초에 불가능하다. 평등권의 경우에는 비교 가능한 일정한 대상들에 대한 비교가 문제될 뿐이기 때문이다. 감시를 비밀에 대한 침해로 이해하면 감시의 방식이나 범위가 과도하여 비밀에 관한 기본권을 침해하는 경우에 '침해적 감시'로 부를 수 있다. 한편 평등원칙은 비교대상을 전제로 이러한 비교대상에 대한 '비교의 합리성'이 본질이다. 다시 말해 '같은 것은 같게, 다른 것은 다르게'라는 평등의 요청에 따라 동일한 대상에 대해서는 동등한 대우를 하고, 상이한 대상에 대해서는 차등적 대우를 해야 하는데 비교대상을 동일한 대상으로 보거나 상이한 대상으로 보는 데 합리적인 이유가 있어야 한다. 따라서 특정한 집단에 국한된 감시가 평등원칙에 부합하기 위해서는 다른 집단을 감시하지 않으면서도 굳이 특정 집단을 감시해야만 하는 합리적인 이유가 제시되어야 한다. 예컨대 일정한 시설에 수용된 사람들에 대한 감시가 정당화되는 것은 그들에 대한 보호와 수용시설의 질서유지가 합리적인 이유라고 평가받기 때문이다. 합리적인 이유 없이 특정한 집단에 국한해서 이루어지는 감시는 평등권을 침해하는 '차별적 감시'가 된다.[15]

---

15 감시의 여러 가지 위험들 가운데 차별의 위험성을 지적하는 견해로 Neil M. Richards, "The dangers of surveillance", *Harvard Law Review*, Vol. 126 No. 7 (2013), 1956면 이하 참조. 이 견해에 따르면 감시권력은 감시대상을 "분류할 수 있는 권력(sorting power)"을 가짐으로써 "차별의 권력(power of discrimination)"으로 변해간다고 한다.

10. 긍정적 감시와 부정적 감시

감시에는 긍정적인 목적이나 의도를 가진 감시도 있지만 부정적인 목적이나 의도를 가진 감시도 존재할 수 있다. 공익 목적으로 행해지는 감시는 대부분 긍정적 감시에 해당한다. 범죄 예방이나 범죄수사 또는 국가안보의 목적으로 국가가 행하는 감시가 그에 해당한다. 하지만 푸코(M. Foucault)가 지적하듯이[16] 공익 목적의 감시도 궁극적으로 시민에 대한 규율과 통제가 목적이라면 반드시 긍정적 감시라고 볼 수는 없다. 한편 민간인에 대한 사찰을 목적으로 수사기관이나 정보기관에 의하여 행해지는 감시 또는 본인의 동의 없이 사적 정보의 수집을 목적으로 심부름센터와 같은 사설 업체에 의하여 행해지는 감시와 같이 부정적 감시도 존재한다. 합법적으로 이루어지는 감시는 대부분 긍정적 감시에 해당하며, 불법적으로 이루어지는 감시는 대체로 부정적 감시이지만, 감시의 목적이나 의도는 객관적으로 확인되기 어렵다는 점에서 감시의 목적이나 의도에 따라 긍정/부정의 감시로 구분하기보다는 법적인 요건과 절차의 준수 여부에 따라 합법/불법의 감시로 구분하는 것이 합리적으로 보인다.

한편 감시의 효과나 기능의 측면에서도 긍정적인 감시와 부정적인 감시로 구분될 수 있다. 감시의 목적이나 의도는 감시자의 주관적 측면에 주목한다면 감시의 효과나 기능은 감시행위의 객관적 측면에 주목한다는 점에 차이가 있다. 감시의 효과나 기능의 측면에서 긍정적인 감시는 범죄 예방이나 범죄수사 또는 국가안보와 같은 '공공의 이익'에 기여한다면 부정적인 감시는 '개인의 인권'을 침해하는 것에 해당한다. 대부분의 감시는 그 효과나 기능의 측면에서 긍정적인 측면과 부정적인 측면을 동시에 갖는다는 점에서 긍정적인 감시와 부정적인 감시의 명확한 이분법을 제시하는 것은 쉽지 않다. 아무튼 감시의 주관적 목적이나 의도는 긍정적이지만 감시의 객관적 효과나 기능은 부정적일 수 있고, 그 반대도 가능하다.

---

16 미셸 푸코(M. Foucault)/오생근 역, 《감시와 처벌 — 감옥의 역사》(2003), 308면 이하 참조.

제2장 감시의 근거와 한계

I. 감시에 의하여 제약되는 기본권

1. 비밀에 관한 기본권

감시는 감시받는 사람이 비공개 또는 비밀의 상태로 유지하고 싶은 사항에 대해서 이루어진다는 점에서 감시받는 사람의 '비밀에 관한 기본권'을 제약한다. 헌법은 비밀에 관한 기본권으로 ① 주거의 자유(헌법 제16조), ② 사생활의 비밀과 자유(헌법 제17조), ③ 통신의 비밀(헌법 제18조)을 보장하고 있다.[17] 따라서 감시는 '주거'와 '사생활' 및 '통신'의 비밀에 관한 기본권을 제약한다. 개인의 비밀영역을 '사생활(privacy)'로 통칭할 수 있다면 비밀에 관한 기본권들 가운데 사생활의 비밀과 자유에 관한 기본권이 가장 일반적인 기본권이라고 할 수 있다. 하지만 비밀에 관한 기본권들을 체계적으로 이해했을 때 대표적인 비밀영역인 주거와 통신을 제외하고 주목해야 할 비밀영역으로는 개인정보와 사적 활동이 있기 때문에 사생활의 비밀과 자유에 관한 기본권은 주로 '개인적 정보'와 '일상적 행동'의 비밀을 보호영역으로 한다.

무엇이 비밀에 속하는지, 즉 '비밀의 영역'은 객관적 기준에 따라 결정될 수도 있지만 비밀을 주장하는 사람의 의사에 따라 주관적으로 결정될 수도 있

17 비밀영역에 관한 기본권에 대해서는 이준일, 《헌법학강의》(2013), 제5판, 552면 이하 참조.

다. 비밀의 영역이 객관적 기준에 따라 결정될 수 있다면 감시의 대상이 비밀의 영역에 해당하는지 여부를 결정할 때 감시받고 있는 대상(피감시자)의 의사는 중요하지 않다. 피감시자 본인이 아무리 비밀이라고 주장해도 감시대상이 객관적으로 비밀영역에 속하지 않으면 비밀이 될 수 없기 때문이다. 이 경우에 비밀이 객관적으로 요구되는 정도에 따라 상당히 내밀한 영역과 그 정도는 아니지만 어느 정도는 비밀이 요구되는 영역으로 그 영역을 다시 세분화할 수도 있다. 반면에 비밀의 영역이 피감시자의 주관적 의사에 따라 결정된다면 감시의 대상이 비밀의 영역에 해당하는지 여부는 오로지 피감시자가 감시, 즉 비밀의 공개에 동의했는지 여부에 따라 결정된다. 일반적으로 비밀의 영역에 속하는 것으로 인정된다고 할지라도 본인이 공개에 동의하면 비밀이 될 수 없기 때문이다. 피감시자의 의사와 상관없이 객관적 기준에 따라 비밀의 영역이 결정된다면 비밀이 아닌 영역이 객관적으로 정해져 그러한 영역에 대한 감시 여부가 본인의 의사와 무관하게 결정될 수 있다는 점에서 비밀의 영역인지 여부는 피감시자의 의사를 존중하여 결정되는 것이 바람직해 보인다. 현실적으로도 비밀의 영역을 객관적으로 결정할 수 있는 기준이 무엇인지가 명확하지 않다는 점에서 어떤 사항이 비밀의 영역에 속하는지 여부는 그러한 사항에 대해서 공개 여부를 결정하는 당사자의 의사에 달려 있다고 보는 것이 합리적이다.

2. 행동에 관한 기본권

(1) 상태의 비밀과 행동의 비밀의 구분

비밀은 '상태'의 비밀과 '행동'의 비밀로 구분될 수 있다. 예컨대 주민번호나 전화번호 혹은 신용상태나 건강상태에 관한 정보, 위치정보나 통화내역(시간 및 장소)과 같은 정보의 비밀은 상태의 비밀에 속하는 반면에 만남, 모임, 대화, 거래, 이동과 같은 일상적 활동에 관한 비밀은 행동의 비밀에 속한다. 예컨대 성관계에 관한 정보의 경우에 누구와 언제, 어디서 성관계를 가졌는지와 같이 상대방, 시간, 장소에 관한 정보의 비밀은 상태의 비밀에 관한 정보에 해당하지만 성관계를 맺고 있는 구체적인 행위의 내용에 관한 비밀은 행동의 비밀에 관한 정보에 해당한다. 물론 신용카드사용내역이나 건강보험이용내역처럼 개인의 신용상태나 건강상태에 관한 정보이면서 동시에 거래활동이나 병원방문에 관한 정보인 경우에는 상태에 관한 비밀과 행동에 관한 비밀을 동시에 담을 수도 있다. 또한 위치정보의 경우에도 특정한 시점의 위치정보는 어느 지점에 위치한다는 상태의 비밀을 담은 정보이지만 여러 시점의 위치정보가 종합되면 이동경로를 보여주는 행동의 비밀에 관한 정보가 될 수 있다. 그렇지만 적어도 개념적으로는 상태에 관한 비밀의 영역과 행동에 관한 비밀의 영역 간에 구분이 가능하다. 헌법상 보장된 비밀영역, 즉 주거, 사생활, 통신의 경우에도 상태에 관한 비밀의 영역과 행동에 관한 비밀의 영역으로 구분될 수 있다. 이를테면 주거의 경우 특정한 주거에 누가, 언제, 누구와 함께 체류했다는 정보는 상태의 비밀과 관련되는 반면에 특정한 주거에서 어떠한 일들이 발생했는지에 관한 정보는 행동의 비밀과 관련된다. 또한 통신의 경우에도 누가 누구와 언제 통화했는지에 관한 정보는 상태의 비밀에 관한 정보이지만 통신수단을 통해 주고받는 내용에 관한 정보는 행동의 비밀에 관한 정보에 속한다.

(2) 행동의 비밀에 대한 침해의 중대성

상태의 비밀과 달리 행동의 비밀이 침해되는 경우는 비밀이 요구되는 행동 자체가 위축될 수 있다는 점에서 행동의 비밀에 관한 기본권의 제약은 비밀의 내용이 되는 행동의 자유권에 대한 제약을 수반한다. 따라서 감시는 '일반적' 행동의 자유뿐만 아니라 다양한 '개별적' 행동의 자유까지 제약한다. 대표적으로 감시 때문에 정신활동의 비밀이 제약되면 양심의 자유, 사상의 자유, 종교의 자유, 학문의 자유, 예술의 자유와 같은 다양한 정신적 기본권들이 제약을 받고, 감시를 통해 자유로운 거동이나 이동의 비밀이 제약되면 신체의 자유나 거주 · 이전의 자유가 제약을 받으며, 감시로 경제활동의 비밀이 제약되면 직업의 자유나 영업의 자유와 같은 여러 가지 경제적 기본권들이 제약을 받게 된다. 특히 비밀의 내용이 되는 행동이 의사소통인 경우에 의사소통의 비밀을 제약하면 그러한 의사소통에 포함된 표현의 자유가 제약될 수 있고, 무엇보다도 표현의 내용이 정치적인 경우에는 정치적 표현의 자유가 제약을 당하게 된다. 실제로 감시는 대부분 자유로운 표현행위, 특히 정치적 표현의 자유를 제약하려는 목적으로 활용된다.[18] 이와 관련하여 헌법재판소는 표현의 자유에 '익명표현의 자유'까지 포함된다고 본다.[19] 하지만 표현의 주체를 비밀로 한다는 의미를 가진 익명표현의 자유는 독자적인 기본권이 아니라 표현의 자유와 표현활동의 비밀에 관한 권리가 결합된 기본권으로 이해하는 것이 타당하다. 만약 익명표현의 자유처럼 특정한 행동의 자유에 그러한 행동의 비밀에 관한 자유가 포함된다면 비밀에 관한 기본권의 독자적 의미는 사라지고 말 것이기 때문이다. 이처럼 행동의 비밀에 대한 침해는 행동 자체에 대한 '위축효과(chilling effect)'를 발생시키기 때문에[20] 상태의 비밀에 대한 침해보다 기본권에 중대한 제약을 초래한다.

---

18 헌법재판소도 인터넷 게시판 이용에서 요구되었던 본인확인제와 관련하여 이 점을 명확하게 인식하고 있다. 헌재 2012. 8. 23. 2010헌마47 등, 판례집 24-2상, 590, 601면: "본인확인제는 게시판 이용자가 게시판에 정보를 게시함에 있어 본인 확인을 위하여 자신의 정보를 게시판 운영자에게 밝히지 않을 수 없도록 함으로써 표현의 자유 중 게시판 이용자가 자신의 신원을 누구에게도 밝히지 아니한 채 익명으로 자신의 사상이나 견해를 표명하고 전파할 익명표현의 자유를 제한한다. 동시에, 그러한 게시판 이용자의 표현의 자유에 대한 제한으로 말미암아 게시판 이용자의 자유로운 의사표현을 바탕으로 여론을 형성 · 전파하려는 정보통신서비스 제공자의 언론의 자유 역시 제한되는 결과가 발생한다."

19 헌재 2010. 2. 25. 2008헌마324 등, 판례집 22-1상, 347, 363면: "이러한 '자유로운' 표명과 전파의 자유에는 자신의 신원을 누구에게도 밝히지 아니한 채 익명 또는 가명으로 자신의 사상이나 견해를 표명하고 전파할 익명표현의 자유도 그 보호영역에 포함된다고 할 것이다."

20 위축효과의 법리에 대해서는 김형성 · 임영덕, 〈미국의 '위축효과법리'와 그 시사점 — '사이버모욕죄' 입법안에 대한 검토〉, 《미국헌법연구》(미국헌법학회), 제20권 제2호(2009), 99면 이하 참조.

3. 개인정보자기결정권

비밀이 요구되는 영역 가운데 특히 개인을 식별할 수 있는 정보인 '개인정보'와 관련하여 개인정보의 수집과 이용, 수집된 개인정보에 대한 접근과 열람, 잘못된 개인정보에 대한 수정과 보완, 수집된 개인정보의 사용중지나 삭제(폐기)를 요구할 수 있는 '개인정보자기결정권'의 중요성이 강조되고 있다.[21] 헌법재판소도 이러한 개인정보자기결정권을 헌법적 권리로 인정한다.

> 인간의 존엄과 가치, 행복추구권을 규정한 헌법 제10조 제1문에서 도출되는 일반적 인격권 및 헌법 제17조의 사생활의 비밀과 자유에 의하여 보장되는 개인정보자기결정권은 자신에 관한 정보가 언제 누구에게 어느 범위까지 알려지고 또 이용되도록 할 것인지를 그 정보주체가 스스로 결정할 수 있는 권리이다. 즉 정보주체가 개인정보의 공개와 이용에 관하여 스스로 결정할 권리를 말한다. 개인정보자기결정권의 보호대상이 되는 개인정보는 개인의 신체, 신념, 사회적 지위, 신분 등과 같이 개인의 인격주체성을 특징짓는 사항으로서 그 개인의 동일성을 식별할 수 있게 하는 일체의 정보라고 할 수 있고, 반드시 개인의 내밀한 영역이나 사사(私事)의 영역에 속하는 정보에 국한되지 않고 공적 생활에서 형성되었거나 이미 공개된 개인정보까지 포함한다. 또한 그러한 개인정보를 대상으로 한 조사 · 수집 · 보관 · 처리 · 이용 등의 행위는 모두 원칙적으로 개인정보자기결정권에 대한 제한에 해당한다.[22]

이러한 개인정보자기결정권은 비밀에 관한 기본권에서 도출되는 기본권이 아니라 헌법상 독자적인 기본권으로서 열거되지 않은 권리의 하나로 이해되기도 한다.[23] 개인정보자기결정권은 자신의 개인정보에 관한 비밀을 스스로

---

21 개인정보자기결정권에 대한 논의로는 김승환, 〈정보자기결정권〉, 《헌법학연구》(한국헌법학회),. 제9권 제3호(2003), 149면 이하; 이상명, 〈개인정보자기결정권의 헌법적 근거에 관한 고찰〉, 《공법연구》(한국공법학회), 제36집 제3호(2008), 225면 이하 참조.

22 헌재 2005. 7. 21. 2003헌마282 등, 판례집 17-2, 81, 90면 이하 참조.

23 헌재 2009. 10. 29. 2008헌마257, 판례집 21-2하, 372, 384면 이하: "개인정보자기결정권의 헌법상 근거로는 헌법 제17조의 사생활의 비밀과 자유, 헌법 제10조 제1문의 인간의 존엄과 가치 및 행복추구권에 근거를 둔 일반적 인격권 또는 위 조문들과 동시에 우리 헌법의 자유민주적 기본질서

결정할 수 있는 '소극적 권리'를 넘어서 공개된 자신의 개인정보에 관한 접근과 이용에 관한 '적극적 권리'로 확장된 권리를 의미한다. 따라서 개인정보자기결정권은 단지 비밀에 관한 기본권으로만 이해되기 어려운 측면이 있다. 개인정보 보호법도 이와 같은 개인정보자기결정권을 구체화하는 권리로서 ① 개인정보의 처리에 관한 정보를 제공받을 권리, ② 개인정보의 처리에 관한 동의 여부 · 동의 범위 등을 선택하고 결정할 권리, ③ 개인정보의 처리 여부를 확인하고 개인정보에 대하여 열람(사본의 발급을 포함)을 요구할 권리, ④ 개인정보의 처리 정지, 정정 · 삭제 및 파기를 요구할 권리를 보장하고 있다(동법 제4조).

4. 평등권

감시가 특정한 집단에 국한하여 이루어지고, 이러한 차등적 감시에 합리적인 이유가 없다면 평등권을 침해하는 차별이 된다. 이러한 '차별적 감시'[24]는 주로 소수자(minority)집단에 대하여 이루어질 수 있다는 점에서 문제가 있다. 의견이나 행동 또는 생활방식에서 다수자(majority)와 비교하여 차이를 보이는 소수자는 흔히 다수자에게 이질감을 주고, 경우에 따라서는 혐오감이나 위협감까지 준다고 받아들여져 다수자는 경계와 통제의 목적으로 소수자를 감시하게 된다. 이러한 감시를 통해 소수자는 다수자와 구별되는 차이를 드러내는 데 위축될 수밖에 없고, 심지어 다수자는 소수자가 그들과 동일하게 변화되기를 기대한다. 이른바 공동체의 '통합'이라는 기치 아래 소수자의 차이는 인정받지 못한 채 감시의 이유가 되고 만다. 이러한 맥락에서 차별적 감

규정 또는 국민주권원리와 민주주의원리 등을 고려할 수 있으나, 개인정보자기결정권으로 보호하려는 내용을 위 각 기본권들 및 헌법원리들 중 일부에 완전히 포섭시키는 것은 불가능하다고 할 것이므로, 그 헌법적 근거를 굳이 어느 한두 개에 국한시키는 것은 바람직하지 않은 것으로 보이고, 오히려 개인정보자기결정권은 이들을 이념적 기초로 하는 독자적 기본권으로서 헌법에 명시되지 아니한 기본권이라고 보아야 할 것이다."

24 '침해적 감시'와 '차별적 감시'의 구분에 대해서는 이 책 제1장 II. 9.(24면) 참조.

시는 '차이에 대한 억압'이고, '동일성에 대한 강요'를 의미한다. 특히 민주주의는 다양성을 핵심으로 한다는 점에서 정치적 의견이 다른 소수자집단에 대한 감시는 표현의 자유를 위축시킴으로써 민주주의에 해악이 될 수 있다.[25] 따라서 소수자집단은 차별적 감시에 대하여 비밀에 관한 권리뿐만 아니라 평등권에 근거하여서도 대항할 수 있어야 한다.

II. 감시의 근거와 목적

1. 동의 없는 감시

감시받는 사람의 동의가 없는 감시, 다시 말해 피감시자의 동의를 받지 않은 채 그 사람의 정보를 수집하는 '강제적 감시'[26]의 경우에는 비밀에 관한 기본권이 제한되는 것이기 때문에 헌법이 기본권제한에서 "법률로써" 제한하도록 요구하는 '법률유보원칙'이 준수되어야 한다(헌법 제37조 제2항).[27] 따라서

---

25 헌법재판소도 표현의 자유에 속하는 집회의 자유와 관련하여 이 점을 분명히 밝히고 있다. 헌재 2003. 10. 30. 2000헌바67 등, 판례집 15-2하, 53면: "집회의 자유는 사회 · 정치현상에 대한 불만과 비판을 공개적으로 표출케 함으로써 정치적 불만이 있는 자를 사회에 통합하고 정치적 안정에 기여하는 기능을 한다. 특히 집회의 자유는 집권세력에 대한 정치적 반대의사를 공동으로 표명하는 효과적인 수단으로서 현대사회에서 언론매체에 접근할 수 없는 소수집단에게 그들의 권익과 주장을 옹호하기 위한 적절한 수단을 제공한다는 점에서, 소수의견을 국정에 반영하는 창구로서 그 중요성을 더해 가고 있다. 이러한 의미에서 집회의 자유는 소수의 보호를 위한 중요한 기본권인 것이다. 소수가 공동체의 정치적 의사형성과정에 영향을 미칠 수 있는 가능성이 보장될 때, 다수결에 의한 공동체의 의사결정은 보다 정당성을 가지며 다수에 의하여 압도당한 소수에 의하여 수용될 수 있는 것이다. 헌법이 집회의 자유를 보장한 것은 관용과 다양한 견해가 공존하는 다원적인 '열린 사회'에 대한 헌법적 결단인 것이다."

26 '강제적 감시'와 '임의적 감시'의 구분에 대해서는 이 책 제1장 II. 8.(23면) 참조.

27 헌법재판소는 법률유보원칙을 다음과 같이 이해하고 있다. 헌재 2009. 10. 29. 2007헌바63, 판례집 21-2하, 103, 116-117면: "헌법은 법치주의를 그 기본원리의 하나로 하고 있고, 법치주의는 법률유보원칙, 즉 행정작용에는 국회가 제정한 형식적 법률의 근거가 요청된다는 원칙을 그 핵심적 내용으로 하고 있다. 나아가 오늘날의 법률유보원칙은 단순히 행정작용이 법률에 근거를 두기만 하면 충분한 것이 아니라, 국가공동체와 그 구성원에게 기본적이고도 중요한 의미를 갖는 영역, 특히 국민의 기본권 실현에 관련된 영역에 있어서는 행정에 맡길 것이 아니라 국민의 대표자인 입법자 스스

원칙적으로 '법률에 의해서'만 감시가 허용될 수 있고, 적어도 '법률의 근거'가 있는 경우에만 법령에 의한 감시가 허용될 수 있다. 기본권을 제한하는 법률의 경우에는 무엇보다도 입법목적으로서 공익이 제시되어야 한다. 헌법은 이러한 공익의 예로 "국가안전보장 · 질서유지 또는 공공복리"를 제시하고 있다. 감시의 입법목적으로 제시되는 공익은 이러한 헌법적 공익에 부합하는 '정당한 공익'이어야 하는데 이러한 정당한 공익으로는 무엇보다도 '공공의 안전'을 들 수 있다. 구체적으로 범죄 예방이나 사고 예방 또는 국가안보와 같이 공공의 안전에 해당하는 공익 목적을 위하여 감시를 정당화하는 법률이 제정될 수 있다. 예를 들어 통신비밀보호법에 따르면 "다른 방법으로는 그 범죄의 실행을 저지하거나 범인의 체포 또는 증거의 수집이 어려운 경우에" 감청을 허가함으로써(동법 제5조 제1항) 범죄의 저지와 범인의 체포를 통한 안전의 확보가 감시를 정당화하는 법률의 입법목적임을 알리고 있다. 또한 개인정보 보호법도 CCTV의 설치를 "범죄의 예방 및 수사", "시설안전 및 화재 예방", "교통단속"을 위하여 필요한 경우에 인정함으로써(동법 제25조) 범죄나 화재의 예방 또는 교통단속을 통한 공공의 안전에 대한 확보를 입법목적으로 하여 감시를 정당화하고 있다.

2. 동의받은 감시

감시의 본질이 감시대상의 정보를 수집하는 데 있다면 감시는 감시받는 사람(피감시자)의 동의를 얻어 그 사람에 관한 정보를 수집하는 형태로 이루어질 수 있다. 이처럼 감시받는 사람의 동의를 받은 '임의적 감시'의 경우에는 애초에 감시의 개념에 포함시키지 않을 수도 있지만 감시대상의 동의가 있다고

로 그 본질적 사항에 대하여 결정하여야 한다는 요구, 즉 의회유보 원칙까지 내포하는 것으로 이해되고 있다. 이때 입법자가 형식적 법률로 스스로 규율하여야 하는 사항이 어떤 것인가는 일률적으로 획정할 수 없고 구체적인 사례에서 관련된 이익 내지 가치의 중요성, 규제 내지 침해의 정도와 방법 등을 고려하여 개별적으로 결정할 수 있을 뿐이나 적어도 헌법상 보장된 국민의 자유나 권리를 제한한 때에는 그 제한의 본질적인 사항에 관한 한 입법자가 법률로써 스스로 규율하여야 할 것이다."

해도 정보수집을 핵심으로 하는 감시의 본질은 변하지 않는다는 점에서 임의적 감시도 감시에 포함될 수 있다. 이 경우에 우선 비밀의 영역이 본인의 의사와 상관없이 객관적으로 결정되어 있다고 본다면 감시받는 사람은 자신에게 보장된 비밀에 관한 기본권을 포기했다고 볼 수 있으므로 감시에 대한 동의는 '기본권의 포기'[28]를 의미한다. 객관적으로 비밀의 영역에 속하는 사항의 공개에 동의함으로써 기본권을 통해 보장된 비밀에 관한 법익을 스스로 포기한 것이기 때문이다. 이와 같은 기본권포기는 원칙적으로 국가에 대해서 가능하다. 기본권의 상대방은 원칙적으로 국가이기 때문이다. 예를 들어 범죄피의자가 수사기관의 거짓말탐지기 사용에 동의하여 진술거부권(묵비권)을 포기하는 것처럼 기본권포기는 국가를 상대방으로 한다. 하지만 기본권은 사인에 대해서도 효력을 갖는다는 점에서 사인에게 발생하는 효력의 포기도 가능하다. 국가에 대한 기본권포기는 법률에 의하지만 사인에 대한 기본권포기는 계약에 의한다는 점에 차이가 있다.

한편 감시받는 사람의 동의는 비밀에 관한 '기본권의 행사'로 이해될 수도 있다. 비밀의 영역에 해당하는지 여부가 피감시자의 의사에 따라 주관적으로 결정된다면 감시에 대한 동의는 '비밀 여부에 대한 자기결정'으로서 비밀에 관한 기본권을 행사한 것이지 이러한 기본권을 포기한 것을 의미하지 않는다. 앞서 언급한 대로 비밀의 영역에 관한 결정에서 피감시자의 의사가 존중되어야 한다는 점에서 비밀의 영역에 해당하는지 여부는 피감시자 본인의 의사에 따라 결정되어야 한다면[29] 감시에 대한 피감시자의 동의는 비밀에 관한 기본권의 행사로 이해될 필요가 있다. 그렇다면 국가에 의한 감시뿐만 아니라 사인에 의한 감시의 경우에도 감시에 대한 동의는 비밀에 관한 기본권의 행사가 된다. 다시 말해 자신의 정보에 대한 수집에 동의의 의사를 표시하는

28 기본권포기의 법리에 대해서는 강태수, 〈기본권 포기론〉, 《공법연구》(한국공법학회), 제29집 제2호(2001), 134면 이하; 허완중, 〈기본권포기〉, 《헌법학연구》(한국헌법학회), 제15권 제3호(2009), 517면 이하 참조.

29 비밀영역의 결정 기준에 관해서는 이 책 제2장 I. 1.(26-27면) 참조.

것은 정보수집을 핵심으로 하는 감시를 받겠다는 의사결정으로서 자신과 관련된 정보의 비밀 여부 또는 공개 여부에 대한 자기결정을 의미한다.

III. 감시의 한계

1. 비밀에 관한 기본권 제한의 한계

기본권의 행사로 이해되는 '동의 받은 감시'와 달리 '동의 없는 감시'는 기본권을 제한하는 행위이므로 기본권제한에 관한 일반적 원칙이 준수되어야 한다. 따라서 감시가 허용되는 경우에도 기본권제한에 관한 일반적 원칙인 '비례성원칙'[30]에 따라 공공의 안전과 같은 공익 목적을 실현하는 데 감시가 적합한 수단이어야 하고(적합성원칙), 감시로 인하여 발생하는 비밀에 관한 기본권에 대한 제한의 정도가 최소화되어야 하며(필요성원칙), 감시의 목적과 감시로 제약되는 기본권 사이에 균형이 이루어져야 한다(좁은 의미의 비례성원칙). 예를 들어 통신비밀보호법은 국가안보를 위한 정보수사기관의 감청을 "국가안전보장에 대한 상당한 위험이 예상되는 경우에 한하여 그 위해를 방지하기 위하여 이에 관한 정보수집이 특히 필요한 때"로 한정하고 있는데(동법 제7조 제1항), '상당한 위험'이라든지 '특히 필요한 때'를 확정하면서 비례성원칙을 적용할 것이 요구된다. 이처럼 법률에 명시적으로 비례성원칙에 관

30 헌법재판소는 비례성원칙을 '과잉금지원칙'으로도 부르면서 다음과 같이 정의한다. 헌재 1992. 12. 24. 92헌가8, 판례집 4, 853, 878면 이하: "국가작용 중 특히 입법작용에 있어서의 과잉입법금지의 원칙이라 함은 국가가 국민의 기본권을 제한하는 내용의 입법활동을 함에 있어서 준수하여야 할 기본원칙 내지 입법활동의 한계를 의미하는 것으로서, 국민의 기본권을 제한하려는 입법의 목적이 헌법 및 법률의 체제상 그 정당성이 인정되어야 하고(목적의 정당성), 그 목적의 달성을 위하여 그 방법이 효과적이고 적절하여야 하며(방법의 적정성), 입법권자가 선택한 기본권제한의 조치가 입법목적달성을 위하여 설사 적절하다 할지라도 보다 완화된 형태나 방법을 모색함으로써 기본권의 제한은 필요한 최소한도에 그치도록 하여야 하며(피해의 최소성), 그 입법에 의하여 보호하려는 공익과 침해되는 사익을 비교형량할 때 보호되는 공익이 더 커야한다(법익의 균형성)는 법치국가의 원리에서 당연히 파생되는 헌법상의 기본원리의 하나인 비례의 원칙을 말하는 것이다."

한 언급이 없다고 하더라도 비밀에 관한 기본권을 제한하는 법률은 비례성원칙이 요구하는 한계를 내포하고 있다고 보아야 한다.

감시의 한계로서 요구되는 비례성원칙에 따르면 감시는 우선 그 목적을 효과적으로 실현하는 '적합한 수단'이어야 하므로 제시된 공익 목적을 실현하는 데 감시라는 수단이 전혀 도움이 되지 않는다면 정당화될 수 없다. 예컨대 흔히 범죄 예방의 수단으로 사용되는 CCTV가 효과를 전혀 발휘하지 못한다면 CCTV를 통한 감시는 정당성을 상실하게 된다. 그리고 감시는 그 목적을 실현하는 데 요구되는 '필요한 수단'이어야 하기 때문에 감시 외에 공익 목적을 실현할 수 있는, 감시받는 사람에게 피해를 덜 줄 수 있는 다른 대체수단이 존재한다면 감시는 정당성을 잃게 된다. 이를테면 범죄자에게 위치추적장치(이른바 '전자발찌')를 부착함으로써 실현하려고 하는 재범방지의 목적이 범죄자에게 상대적으로 적은 고통을 주는 다른 교화수단을 통해서도 달성될 수 있다고 한다면 위치추적장치를 통한 감시는 정당화되지 못한다. 또한 감시는 그 목적으로 제시된 공익적 가치보다 감시로 인하여 피해를 입는 다른 가치가 더 중대하다면 포기되어야 한다. 예를 들어 국가기관의 보안을 목적으로 실시되는 이메일감시로 얻으려는 공익적 가치보다 해당 기관에 종사하는 사람들의 통신비밀이 더 중대하다면 그러한 감시는 중단되어야 한다.

2. 개인정보의 수집에서 한계

특히 개인정보의 수집과 관련하여 1995년 제46호 EU지침(Directive 95/46/EC of the European Parliament and of the Council of 24 October 1995 on the protection of individuals with regard to the processing of personal data and on the free movement of such data)[31]은 다음과 같은 한계를 설정하고 있다(동지침 제6조 제1항).

---

31 *Official Journal* L 281, 23/11/1995, 31-50면.

가맹국은 개인정보에 관하여 다음과 같은 법적 조치를 취해야만 한다(Member States shall provide that personal data must be).

(a) 공정하고 합법적인 처리(processed fairly and lawfully)

(b) 특정되고 명확하며 정당한 목적을 위한 수집, 그와 같은 목적에 부합하지 않는 방식의 처리 금지, 역사적 · 통계적 · 과학적 목적의 처리는 적절한 보안조치를 조건으로 허용(collected for specified, explicit and legitimate purposes and not further processed in a way incompatible with those purposes. Further processing of data for historical, statistical or scientific purposes shall not be considered as incompatible provided that Member States provide appropriate safeguards)

(c) 수집 및 처리의 목적과 관련하여 적합하고, 중요하며 과도하지 않을 것(adequate, relevant and not excessive in relation to the purposes for which they are collected and/or further processed)

(d) 정확성 및 필요한 경우 최신성 유지, 수집, 처리, 삭제 또는 정정과 관련하여 부정확하거나 불완전한 정보에 대한 모든 합리적인 조치(accurate and, where necessary, kept up to date; every reasonable step must be taken to ensure that data which are inaccurate or incomplete, having regard to the purposes for which they were collected or for which they are further processed, are erased or rectified)

(e) 개인정보 수집과 처리의 목적에 필요한 정도를 초과하는 형태의 개인신원확인 금지, 역사적 · 통계적 · 과학적 이용을 위한 개인정보의 저장에 대한 적절한 보안조치(kept in a form which permits identification of data subjects for no longer than is necessary for the purposes for which the data were collected or for which they are further processed. Member States shall lay down appropriate safeguards for personal data stored for longer periods for historical, statistical or scientific use)

개인정보의 수집 및 처리와 관련하여 EU지침이 제시하고 있는 한계들은 개인정보의 수집과 처리에서 정당하고 명확한 목적의 제시를 강조함과 동시에 이러한 목적에 적합하고 필요한 방법의 선택을 요구하고 있다는 점에서 비례성원칙을 구체화하고 있는 것으로 이해된다. 또한 수집된 개인정보의 정확성과 완전성을 강조함으로써 정정과 삭제에 관한 정보주체의 권리, 즉 개인정보자기결정권에 주목하고 있다. 이처럼 EU지침이 강조하고 있는 것과 같이 특히 개인정보의 수집에서는 그 목적과 관련된 비례성원칙 및 개인정보자기결정권이 핵심적인 한계로 작동한다.

3. 차별적 감시의 한계

특정한 집단에 국한되어 실행되는 차별적 감시는 다른 차별행위와 마찬가지로 '합리적인 이유'가 있는 경우에만 정당화된다. 비교대상이 동일함에도 그것을 상이한 대상으로 보아 차등적 대우를 하려면 합리적인 근거가 제시되어야 하는 것처럼 다른 동일한 집단과 달리 특정한 집단에 대해서만 차등적으로 감시를 실행하려면 합리적인 근거가 제시되어야 한다. 이처럼 '합리성'은 차별적 감시의 한계로 작동한다. 헌법재판소는 차별행위가 헌법상 보장되는 평등권을 침해했는지 여부를 심사하면서 두 가지 기준을 구분한다. "평등위반 여부를 심사함에 있어 엄격한 심사척도에 의할 것인지, 완화된 심사척도에 의할 것인지는 입법자에게 인정되는 입법형성권의 정도에 따라 달라지게 될 것이다. 먼저 헌법에서 특별히 평등을 요구하고 있는 경우 엄격한 심사척도가 적용될 수 있다. 헌법이 스스로 차별의 근거로 삼아서는 아니되는 기준을 제시하거나 차별을 특히 금지하고 있는 영역을 제시하고 있다면 그러한 기준을 근거로 한 차별이나 그러한 영역에서의 차별에 대하여 엄격하게 심사하는 것이 정당화된다. 다음으로 차별적 취급으로 인하여 관련 기본권에 대한 중대한 제한을 초래하게 된다면 입법형성권은 축소되어 보다 엄격한 심사척도가 적용되어야 할 것이다."[32] 이처럼 평등권 침해 여부를 심사하는 기준으로 "엄격한 심사척도"와 "완화된 심사척도"를 구분하는 헌법재판소에 따르면 "엄격한 심사를 한다는 것은 자의금지원칙에 따른 심사, 즉 합리적 이유의 유무를 심사하는 것에 그치지 아니하고 비례성원칙에 따른 심사, 즉 차

32 헌재 1999. 12. 23. 98헌마363, 판례집 11-2, 770, 787면 참조.

별취급의 목적과 수단 간에 엄격한 비례관계가 성립하는지를 기준으로 한 심사를 행"하는 것을 뜻한다.[33] 이러한 헌법재판소의 견해를 따르면 평등권 침해 여부를 심사할 때에 차별행위의 합리성을 내용으로 하는 "자의금지원칙" 뿐만 아니라 자유권 침해 여부를 심사할 때 적용되는 "비례성원칙"도 적용될 수 있다. 하지만 보호법익이 존재하는 자유권에 대한 침해와 달리 보호법익이 존재하지 않는 평등권에 대한 침해의 경우에는 비례성원칙이 적용될 여지가 없다. 일정한 대상의 비교를 본질로 하는 평등심사에서 보호법익에 대한 과도한 제약 여부를 심사하는 비례성원칙은 적용될 수 없기 때문이다. 따라서 평등심사의 기준으로는 차별행위의 합리성을 심사하는 자의금지원칙만이 적용될 수 있다. 다만 '심사기준'과 '심사강도'는 구분될 수 있기 때문에 자의금지원칙을 적용한 평등심사를 하면서 합리성 여부에 대한 심사강도는 조절될 수 있다. 예컨대 입법자의 형성권이 상당히 넓게 인정되는 영역에서는 심사강도가 완화될 수 있는 반면에 입법자의 입법형성권이 좁게 인정될 수밖에 없는 영역에서는 심사강도가 강화될 수 있다.

---

33 헌재 1999. 12. 23. 98헌마363, 판례집 11-2, 770, 788면 참조. 완화된 심사척도가 자의금지원칙임을 좀더 명확하게 밝히고 있는 판례로 헌재 2003. 3. 27. 2002헌마573, 판례집 15-1, 319, 335-336면: "헌법재판소에서는 평등위반여부를 심사함에 있어서, 헌법에서 특별히 평등을 요구하고 있는 경우 즉, 헌법이 스스로 차별의 근거로 삼아서는 아니되는 기준을 제시하거나 차별을 특히 금지하고 있는 영역을 제시하고 있는 경우와 차별적 취급으로 인하여 관련 기본권에 대한 중대한 제한을 초래하게 되는 경우에는 엄격한 심사척도(비례성원칙에 따른 심사)를 적용하고, 그 밖의 경우에는 완화된 심사척도(자의금지원칙에 따른 심사)에 의한다는 원칙을 적용하고 있다. 엄격한 심사를 한다는 것은 차별취급의 목적과 수단간에 엄격한 비례관계가 성립하는지를 기준으로 한 심사를 행함을 의미하며, 완화된 심사척도 즉, 자의심사의 경우에는 차별을 정당화하는 합리적인 이유가 있는지만을 심사한다." 또한 엄격한 심사의 내용을 다음과 같이 좀더 구체적으로 설명하기도 한다. 헌재 2001. 2. 22. 2000헌마25, 판례집 13-1, 386, 403면: "자의심사의 경우에는 차별을 정당화하는 합리적인 이유가 있는지만을 심사하기 때문에 그에 해당하는 비교대상간의 사실상의 차이나 입법목적(차별목적)의 발견 · 확인에 그치는 반면에, 비례심사의 경우에는 단순히 합리적인 이유의 존부문제가 아니라 차별을 정당화하는 이유와 차별간의 상관관계에 대한 심사, 즉 비교대상간의 사실상의 차이의 성질과 비중 또는 입법목적(차별목적)의 비중과 차별의 정도에 적정한 균형관계가 이루어져 있는가를 심사한다."

제3장 국가감시

I. 국가감시의 개념과 법적 근거

1. 개념

다양한 주체에 의한 감시 가운데 가장 문제가 되는 것은 '국가에 의한 감시', 즉 '국가가 주체가 되어 실행되는 감시'를 의미하는 국가감시다.[34] 국가는 국가공동체의 의사를 결정하고 집행하기 위하여 수많은 정보를 수집하고 관리한다. 예컨대 건강검진기본법에 따르면 국가건강검진을 통하여 얻은 검진자료는 건강정책의 수립에 이용될 수 있고(동법 제18조 제1항), 도로교통법에 따르면 수집된 교통정보는 교통의 안전과 원활한 소통을 확보하는 데 활용되며(동법 제145조 제1항), 소방기본법에 의하면 화재나 재난 등이 발생했을 때 신속한 소방활동을 위하여 정보를 수집하여 사용한다(동법 제4조 제1항). 따라서 국가에 의한 정보의 수집과 처리를 의미하는 국가감시는 국가정책의 결정과 집행의 전제조건으로서 불가피하고, 심지어 필수적이기까지 하다. 문제는 국가감시가 국민의 기본권을 침해하는 경우에는 금지되어야 한다는 점

34 국가는 일정한 지역을 기반으로 하는 '국가공동체'를 의미하기도 하지만 이러한 국가공동체의 의사를 결정하고 집행하는 '국기기관' 또는 '국가권력'을 의미하기도 하는데 감시의 주체로서 국가는 후자를 뜻한다.

이다. 여기서 국가감시로 인하여 국민의 어떠한 기본권이 침해되는지가 중요하다. 감시가 일정한 목적을 가진 정보수집으로 이해될 때 국가감시도 '정보에 관한 기본권'을 침해할 수 있다. 특히 '정보의 비밀에 관한 기본권'이 침해될 수 있다는 점에서 헌법상 보장된 주거나 사생활 또는 통신의 비밀에 관한 기본권(헌법 제16조, 제17조 및 제18조)을 침해할 수 있다. 이처럼 국가감시는 주거나 사생활 또는 통신의 비밀에 관한 기본권을 제약하는 행위로서 그것이 과도한 경우에는 기본권을 침해하는 행위가 된다.

2. 법적 근거

국가감시가 국민의 기본권을 제약하는 행위라면 국가감시는 헌법에 따라 "국가안전보장(이하 '국가안보'로 약칭) · 질서유지 또는 공공복리"를 위한 목적에서 "법률로써"만 가능하다(헌법 제37조 제2항). 국가안보와 질서유지가 국가공동체의 소극적 공익을 표현한다면 공공복리는 국가공동체의 적극적 공익을 표현한다. 결국 헌법이 열거하는 기본권제한의 목적은 소극적 형태든 적극적 형태든 '국가공동체가 추구하는 공익'으로 요약할 수 있고, 국가는 이러한 공익을 실현하기 위하여 기본권을 제한할 수 있다. 감시의 경우에도 국가는 범죄 예방이나 사고 예방 또는 범죄수사나 국가안보 등과 같은 공익 목적을 실현하기 위하여 국민의 기본권을 제약하는 감시를 행한다. 다만 기본권을 제약하는 감시행위의 경우에도 반드시 '법률로써', 즉 법률에 의하거나 법률에 근거해야만 허용된다. 대표적인 감시행위인 감청의 경우에 범죄수사나 국가안보를 목적으로 통신비밀보호법에 근거해야 허용되는 것과 같다. 국가에 의한 감시의 근거가 되는 법률에서 특별히 요구되는 요청은 '명확성원칙'이다. 이에 따라 감시의 요건과 절차를 일반인이 충분히 인식할 수 있을 만큼 명확하게 규정하여 감시주체인 국가가 감시의 권한을 자의적으로 행사하지 않도록 규제할 필요가 있다. 또한 법률에 근거만 있다면 행정입법(시행령 또는 시행규칙)에 감시의 구체적인 요건과 절차를 위임하는 것도 가능하지만 이러한 위임입법의 경우에도 어떠한 내용이 위임되어 있는지에 관한 대강을 예측할 수 있도록 위임의 범위를 법률에 명확하게 규정하도록 요구하는 '포괄위임입법금지원칙'이 준수될 필요성이 있다.

II. 합법적 국가감시와 불법적 국가감시

1. 합법적 국가감시

헌법에 근거하여 공익 목적을 위하여 법률로써 국민의 기본권을 제한할 수 있는 국가는 마찬가지로 일정한 공익 목적을 달성하기 위하여 국민의 기본권을 제한하는 감시행위도 법률로써 행할 수 있다. 무엇보다도 국가의 경찰활동이나 첩보활동 또는 수사 · 기소활동을 위하여 검찰청법, 경찰법, 경찰관직무집행법, 국가정보원법, 국군기무사령부령 등에 따라 포괄적인 정보수집을 의미하는 감시행위가 정당화된다. 우선 경찰법과 경찰관 직무집행법은 경찰의 다양한 임무의 하나로서 "치안정보의 수집, 작성 및 배포"를 열거함으로써(경찰법 제3조 제4호, 경찰관 직무집행법 제2조 제4호)[35] 경찰의 감시활동을 치안정보의 수집으로 정당화할 수 있다. 또한 국가정보원법도 국가정보원(이하 '국정원'으로 약칭)의 임무로서 "국외 정보 및 국내 보안정보[대공(對共), 대정부전복(對政府顚覆), 방첩(防諜), 대테러 및 국제범죄조직]의 수집 · 작성 및 배포"를 열거하여(동법 제3조 제1호)[36] 국정원의 감시활동을 국외정보 또는 보안정보

35 경찰법 및 경찰관 직무집행법에 따르면 경찰의 임무는 치안정보의 수집, 작성, 배포 외에도 ① 국민의 생명 · 신체 및 재산의 보호, ② 범죄의 예방 · 진압 및 수사, ③ 경비 · 요인 경호 및 대간첩작전 수행, ④ 교통의 단속과 위해의 방지, ⑤ 그 밖의 공공의 안녕과 질서유지가 있기 때문에 이러한 임무의 수행을 위하여 감시활동을 정당화할 수 있다.

36 국가정보원법에 따른 국정원의 임무에는 정보수집 외에도 ① 국가 기밀에 속하는 문서 · 자재 · 시설 및 지역에 대한 보안 업무(각급 기관에 대한 보안감사는 제외), ②「형법」중 내란(內亂)의 죄, 외환(外患)의 죄,「군형법」중 반란의 죄, 암호 부정사용의 죄,「군사기밀 보호법」에 규정된 죄,「국가보안법」에 규정된 죄에 대한 수사, ③ 국정원 직원의 직무와 관련된 범죄에 대한 수사, ④ 정보 및 보

의 수집으로 정당화할 수 있게 규정하고 있다. 그리고 대통령령인 국군기무사령부령에 따르면 국군기무사령부(이하 '기무사'로 약칭)는 군 첩보 및 군 관련 첩보의 수집 · 작성 및 처리가 주요한 임무 가운데 하나이므로(동령 제3조 제2호) 기무사의 감시활동은 이러한 첩보활동으로 정당화될 수 있다. 그 밖에도 검찰청법에 따르면 검사의 주요한 직무가 "범죄수사, 공소의 제기 및 그 유지에 필요한 사항"이므로(동법 제4조 제1호) 검찰의 감시활동은 수사나 기소를 위한 활동으로 정당화될 수 있다.

한편 개인정보의 수집과 관련하여 개인정보 보호법에 따라 법령상 의무를 준수하기 위하여 불가피한 경우나 법령 등에서 정하는 소관 업무의 수행을 위하여 불가피한 경우에 국가의 개인정보 수집이 정당화된다(동법 제15조 제1항 제2호 및 제3호). 그 밖에도 대표적인 국가감시에 해당하는 우편물 검열이나 전기통신 감청, 통신사실 확인자료 제공요청은 범죄수사나 국가안보를 위하여 통신비밀보호법에 따라(동법 제5조, 제13조 등), 통신자료 제공요청은 전기통신사업법에 따라 정당화된다(동법 제83조).[37] 그리고 국가의 CCTV 설치와 운영은 범죄 예방이나 교통정보수집을 위하여 개인정보 보호법에 따라 정당화된다(동법 제25조).[38] 또한 국가에 의한 위치정보의 수집은 생명 · 신체에 대한 급박한 위험으로부터 긴급한 구조를 위해서는 위치정보의 보호 및 이용 등에 관한 법률로(동법 제29조), 특정범죄자의 재범을 방지하고 피해자를 보호하기 위해서는 특정 범죄자에 대한 보호관찰 및 전자장치 부착 등에 관한 법률(이른바 '전자발찌법')에 따라 정당화된다.[39]

그 밖에도 헌법은 행정기관과 공무원의 직무를 감찰하는 권한을 가진 대통령 직속기관으로 감사원을 설치하고 있다(헌법 제97조). 구체적으로 감사원

안 업무의 기획 · 조정이 있다. 따라서 이러한 임무수행을 목적으로 한 감시활동도 대부분 정당화될 수 있다.

37 통신감시에 대해서는 이 책 제8장(112면 이하) 참조.

38 영상감시에 대해서는 이 책 제9장(131면 이하) 참조.

39 위치감시에 대해서는 이 책 제10장(146면 이하) 참조.

법에 따르면 감사원은 ① 정부조직법 및 그 밖의 법률에 따라 설치된 행정기관의 사무와 그에 소속한 공무원의 직무, ② 지방자치단체의 사무와 그에 소속한 지방공무원의 직무, ③ 한국은행 및 국가 또는 지방자치단체가 자본금의 2분의 1 이상을 출자한 법인(동법 제22조 제1항 제3호), 민법 또는 상법 외의 다른 법률에 따라 설립되고 그 임원의 전부 또는 일부나 대표자가 국가 또는 지방자치단체에 의하여 임명되거나 임명 승인되는 단체 등(동법 제23조 제7호)의 사무와 그에 소속한 임원 및 감사원의 검사대상이 되는 회계사무와 직접 또는 간접으로 관련이 있는 직원의 직무, ④ 법령에 따라 국가 또는 지방자치단체가 위탁하거나 대행하게 한 사무와 그 밖의 법령에 따라 공무원의 신분을 가지거나 공무원에 준하는 자의 직무에 대해서 감찰할 수 있는 권한을 가진다(동법 제24조). 감찰의 대상은 행정기관과 공무원이므로 민간기관과 민간인에 대한 감찰은 허용되지 않는다. 감찰활동에 필요한 정보수집도 감시에 해당하나, 이러한 감시는 합법적 감시에 해당한다.

합법적 국가감시의 유형과 근거법률

감시 · 유형	근거법률			
일반정보수집	검찰청법	경찰법	경찰관 직무집행법	
개인정보수집	개인정보 보호법	DNA법	의료법	신용정보법
주민등록제도	주민등록법			
통신감시	통신비밀보호법	전기통신사업법		
영상감시	개인정보 보호법	아동복지법	형집행법	출입국관리법
위치감시	위치정보법	전자장치부착법	통신비밀보호법	

2. 불법적 국가감시

법적 근거가 없거나 법적으로 부여받은 권한의 범위를 넘어서 국가감시가 행해지는 경우에 불법이 되고, 이러한 불법적 국가감시를 보통 '사찰'이라고 부른다. 특히 민간인에 대한 사찰에서 국가감시의 불법성이 명백하게 드러난다. 예컨대 1990년 노태우 정부 시절 국군보안사령부가 정치인과 민간인을 대상으로 동향을 파악하여 기록한 사찰행위나 2008년 국무총리실 산하 공직윤리지원관실이 공무원이 아닌 민간인을 대상으로 한 사찰행위가 이에 해당한다.[40] 정부정책에 반대하는 민간인의 발언이나 행동 및 대인관계를 은밀하게 관찰하여 기록하는 사찰행위는 법적 근거도 없고, 법적 근거가 있더라도 법적으로 부여받은 권한을 넘어 행사되는 경우가 흔하다. 이러한 불법적 국가감시에 대해서는 '직권남용죄'를 적용하여 처벌할 수 있고(형법 제123조), 손해가 발생한 경우에는 '국가배상청구권'을 행사할 수 있다(국가배상법 제2조).

〔참조〕 보안사의 정치인 등 사찰대상 인사공개(연합뉴스, 1990년 10월 5일)

군복무 중 혁노맹사건으로 보안사에 연행돼 조사를 받은 뒤 보안사 수사에 협조해 오다 탈영한 윤석양 이병(24. 외국어대노어과 4년 제적)은 4일 하오 6시 반께 서울 한국기독교 교회협의회에서 기자회견을 갖고 "국군보안사가 민간인을 대상으로 아직도 정치사찰 및 동향 파악업무를 계속하고 있다"고 말했다. 윤 이병은 사찰대상자 중에는 김대중 평민당 총재, 김영삼 민자당대표최고위원, 이기택 민주당총재 등 여야정치인을 비롯 학계, 종교계, 언론계, 문화예술계, 노동계, 학원가 등의 주요 인사 1천3백여 명이 들어 있다고 밝혔다. 윤 이병은 이 같은 자신의 주장에 대한 증거물로 "탈영당시 보안사 서빙고분실사무실에서 갖고 나온 것"이라며 가로 12.5cm, 세로 8.3cm 크기의 동향파악대상자 목록카드 1천3백여 장, 개인신상카드 4장 및 개인별 동향파악 내용이 수록된 컴퓨터 디스켓 30장 등을 공개했다.

윤 이병은 "지난 5월1일 군에 입대, 육군 모부대 8중대 3소대에서 이병으로 복무 중 7월3일 혁노맹 사건관련 피의자(선동국장)로 보안사 서빙고분실로 연행돼 조사를 받았다"고 밝히고 "보안사로부터 프락치활동을 하도록 권유받고 혁노맹 조직원 신원을 알려주는 등 수사활동에 협조하다 9월23일 새벽 사무실에 있던 자료일부를 갖고 탈영했다"고 말했다. 윤 이병은 보안사는 동향파악대상자를 A, B, C, D 등 4등급으로 분류, 동향을 파악하는 한편 각 개인마다 고유번호를 부여한 신상카드를 컴퓨터로 처리해 보관 관리하고 있다고 주장했다. 윤 이병은 또 보안사는 대상자마다 담당관 1명을 지정, 매달말 대상자의 발언내용, 접촉인물 등 활동내용을 파악 '문제인물 동향관찰보고서'를 작성 제출토록 하고 있다고 말했다.

윤 이병이 이날 공개한 대상자 중 김영삼 민자당대표최고위원은 221번, 김대중 평민

---

40 2008년 민간인사찰 사건에 대해서는 다음과 같은 단호한 평가가 있다. 김동춘, 〈민간인 김종익 사찰 건으로 본 이명박 정부〉, 《역사비평》(역사문제연구소), 제94호(2011), 24면: "이것은 헌법상의 절차나 형사소송법상의 절차가 완전히 무시된 일반적 국민사찰, 국민탄압일뿐더러 국민에 대한 테러라 볼 수밖에 없다."

당총재는 283번, 이기택 민주당총재는 1151번의 개인고유번호가 붙여져 있었다. 윤 이병이 공개한 자료 중에는 이들 외에도 김동영, 김덕룡 의원 등 민자당 내 민주계 의원들, 문동환 평민당부총재, 노무현 의원, 김수환 천주교추기경, 윤공희 광주대교구장, 김관석 목사, 박형규 목사 등 종교계인사를 비롯 언론계, 학계, 문학계, 재야인사들이 동향파악 대상자로 포함돼 있는 것으로 알려졌다. 윤 이병이 밝힌 신상카드는 문동환 평민당부총재, 노무현 의원 등 4명의 것이다.

윤 이병은 "보안사로부터 조기제대해 6급 군무원인 보안사 수사관으로 채용된 뒤 6개월 정도 현장감각을 익히고 다른 운동권조직에 들어가 프락치활동을 하도록 권유받았으나 월간 '말'지 10월호에 내가 보안사수사관들과 함께 인천 누나 집에 찾아갔던 사실 등이 보도되는 바람에 보안사수사관으로 채용될 가능성이 희박한 데다 죄의식 때문에 경계근무 교대 시 캐비닛 안에 있던 이들 자료들을 들고 나왔다"고 밝혔다. 한편 문동환 평민당부총재는 "보안사의 이 같은 활동은 이미 공공연한 비밀이지만 뚜렷한 증거물까지 공개되니 민주화를 이루어나가야 하는 마당에 놀라움과 분노를 금치 못 하겠다"고 밝히고 "현정권은 이 같은 행위에 대해 국민 앞에 사과하고 재발방지책을 세워야 할 것"이라고 강조했다.

3. 합법적 국가감시와 불법적 국가감시의 경계설정

순전히 개념적으로만 보면 합법적 국가감시와 불법적 국가감시는 명확하게 구분될 수 있다. 법적 근거가 있고 법적으로 부여받는 권한의 범위 내에서 행사된 국가감시는 합법적인 것이지만 법적 근거가 없거나 법적으로 부여된 권한을 일탈한 국가감시는 불법적인 것으로 구분되는 것이다. 그러나 국가가 '사찰'로 불리는 불법적 국가감시를 노골적으로 행하는 경우도 있지만 대부분의 불법적 국가감시는 합법적 국가감시가 이루어지는 과정에서 발생한다. 합법적 국가감시가 진행되는 과정에서 의도적이든 의도적이지 않든 본래의 목적을 넘어서는 광범위한 감시가 수행될 수 있다. 따라서 합법적 국가감시와 불법적 국가감시의 경계가 모호해지는 문제가 일어날 수밖에 없다. 여기서 합법적 국가감시와 불법적 국가감시의 경계를 명확하게 구분하기 위하여 국가감시를 정당화하는 법률의 입법목적을 명확하게 규정하고, 국가감시의 권한범위와 행사절차를 구체적으로 규정하여 그 범위를 분명하게 설정할 필요가 있다.

〔참조〕 **총리실, 민간인 내사 파문**(경향신문, 2010년 6월 22일)

국무총리실 공직윤리지원관실이 이명박 대통령을 비방하는 동영상을 개인 블로그에 옮겨 게재한 한 시민을 내사하고 사무실을 불법 '압수수색'한 것으로 21일 드러났다. 공직윤리지원관실이 공직자의 비위와 무관한 일반인을 내사한 것은 명백한 불법 월권행위여서 파문이 예상된다.

민주당 신건 · 이성남 의원은 이날 국회 정무위 전체회의에서 총리실 공직윤리지원관이 직접 서명해 2008년 11월14일 서울 동작경찰서에 보낸 '제보자료 이첩'이라는 제목의 공문을 공개했다. 허위사실을 유포하는 동영상을 블로그에 올려 이 대통령의 명예를 훼손한 ㅋ사 대표이사 김모씨를 수사해달라는 내용이다. 재미교포가 올린 것으로 추정되는 이 동영상은 2007년 17대 대선 당시 논란이 거셌던 'BBK 사건'과 관련해 김경준씨의 미국 내 재판 경과 및 결과 등을 다룬 동영상이다. 공직윤리지원관실이 경찰에 보낸 공문에 첨부한 '김씨의 허위사실 유포 등 관련 진행상황 보고자료'에 따르면, 총리실은 김씨를 경찰에 수사의뢰하기 두 달 전부터 김씨에 대해 내사를 벌였다. 여기에는 총리실이 '9월 29일 김씨의 사무실을 찾아 경리장부 등 자료를 가져와 분석 중'이라는 내용도 포함돼 있다. 압수수색 권한이 없는 총리실이 불법으로 일반인의 사무실을 뒤진 것이다. 그러나 동작서는 이듬해 2월 김씨에 대해 무혐의로 내사 종결 처분을 내렸다. 담당 수사관은 내사 결과 보고에서 "피내사자(김씨)가 총리실의 내사로 인해 대표이사직을 사임하고 지분까지 이전해 심각한 피해를 본 것으로 판단한다"고 적었다고 이 의원은 전했다. 이 의원은 "공직윤리지원관실에서 (김씨 회사의) 원청업체인 모 은행의 고위 인사를 만나 압력을 행사한 정황이 있다"고 주장했다. 김씨는 1차 무혐의 처분에도 불구하고 동작서장이 보완수사를 지시해 검찰에 정보통신이용법상 명예훼손으로 송치됐다. 검찰은 2009년 10월 김씨에 대해 기소유예 처분을 내렸다. 김씨는 이에 불복해 두 달 뒤 헌법재판소에 기소유예 처분을 취소해달라는 헌법소원을 냈다.

신 의원은 "과거 독재정권 시절에나 일어났을 국가기관의 일반인에 대한 불법 사찰과 조사가 이뤄졌다"며 "헌법 영장주의를 위배했고, 명백한 직권남용죄로 법에 따라 처벌해야 한다"고 밝혔다. 국무총리실 직제규정이나 공직윤리업무규정에 따르면, 공직윤리지원관실은 공무원을 대상으로 활동할 수 있고 일반인은 공직자 비위와 관련된 경우에 한해서만 가능하다. 이 경우도 혐의가 있을 경우 수사기관인 경찰과 검찰에 넘겨 조사하도록 해야 한다.

III. 국가감시의 한계와 통제

1. 법률유보원칙

국민의 기본권을 제한하는 국가감시는 '법률유보원칙'에 따라 반드시 법률에 의하거나 적어도 법률에 근거를 두고 행해져야 한다. 이러한 법률은 규율대상을 일반적으로 규율해야 하고(일반성원칙), 규율대상을 명확하게 설정해야 하며(명확성원칙),[41] 소급해서 적용되지 않아야 하고(불소급원칙),[42] 국민의 신뢰를 깨뜨리지 않아야 한다(신뢰보호원칙).[43] 법률유보원칙은 '의회유보원

41 명확성원칙에 대해서 헌법재판소는 다음과 같이 이해하고 있다. 헌재 1992. 2. 25. 89헌가104, 판례집 4, 64, 78면 이하: "이러한 명확성의 원칙은 모든 법률에 있어서 동일한 정도로 요구되는 것은 아니고 개개의 법률이나 법조항의 성격에 따라 요구되는 정도에 차이가 있을 수 있으며 각각의 구성요건의 특수성과 그러한 법률이 제정되게 된 배경이나 상황에 따라 달라질 수 있다고 할 것이다. 일반론으로는 어떠한 규정이 부담적 성격을 가지는 경우에는 수익적 성격을 가지는 경우에 비하여 명확성의 원칙이 더욱 엄격하게 요구된다고 할 것이고 따라서 형사법이나 국민의 이해관계가 첨예하게 대립되는 법률에 있어서는 불명확한 내용의 법률용어가 허용될 수 없으며, 만일 불명확한 용어의 사용이 불가피한 경우라면 용어의 개념정의, 한정적 수식어의 사용, 적용한계조항의 설정 등 제반방법을 강구하여 동 법규가 자의적으로 해석될 수 있는 소지를 봉쇄해야 하는 것이다."

42 헌법재판소는 소급입법을 '진정소급입법'과 '부진정소급입법'으로 구분하면서 각각의 경우에 다음과 같은 기준을 적용하고 있다. 헌재 2011. 3. 31. 2008헌바141 등, 판례집 23-1상, 276, 305면: "소급입법은 새로운 입법으로 이미 종료된 사실관계 또는 법률관계에 작용하도록 하는 진정소급입법과 현재 진행중인 사실관계 또는 법률관계에 작용하도록 하는 부진정소급입법으로 나눌 수 있는바, 부진정소급입법은 원칙적으로 허용되지만 소급효를 요구하는 공익상의 사유와 신뢰보호의 요청 사이의 교량과정에서 신뢰보호의 관점이 입법자의 형성권에 제한을 가하게 되는 데 반하여, 진정소급입법은 개인의 신뢰보호와 법적 안정성을 내용으로 하는 법치국가원리에 의하여 특단의 사정이 없는 한 헌법적으로 허용되지 아니하는 것이 원칙이나 예외적으로 국민이 소급입법을 예상할 수 있었거나, 법적 상태가 불확실하고 혼란스러웠거나 하여 보호할 만한 신뢰의 이익이 적은 경우와 소급입법에 의한 당사자의 손실이 없거나 아주 경미한 경우, 그리고 신뢰보호의 요청에 우선하는 심히 중대한 공익상의 사유가 소급입법을 정당화하는 경우에는 허용될 수 있다."

43 법치주의에서 신뢰보호원칙을 도출하는 헌법재판소는 그 판단기준을 다음과 같이 설명하고 있다. 헌재 2001. 4. 26. 99헌바55, 판례집 13-1, 869, 885면 이하: "헌법상 법치국가의 원칙으로부터 신뢰보호의 원칙이 도출되는바, 법률의 제정이나 개정 시 구법질서에 대한 당사자의 신뢰가 합리적이고도 정당하며 법률의 제정이나 개정으로 야기되는 당사자의 손해가 극심하여 새로운 입법으로 달성하고자 하는 공익적 목적이 그러한 당사자의 신뢰의 파괴를 정당화할 수 없다면, 그러한 새 입법은 신뢰보호의 원칙상 허용될 수 없다. 이러한 신뢰보호원칙의 위배 여부를 판단하기 위하여는, 한편으로는 침해받은 이익의 보호가치, 침해의 중한 정도, 신뢰가 손상된 정도, 신뢰침해의 방법 등과

칙'으로 엄격하게 이해되어 반드시 의회가 제정한 형식적 의미의 법률에 의하여 규율되도록 요구하는 경우도 있지만 형식적 의미의 법률에 근거를 두고 법령(행정입법)에 위임하는 경우도 있다. 국가감시를 정당화하는 법률이 법령에 위임하는 경우에는 '포괄위임입법금지원칙'에 따라 위임하는 법률에서 위임의 범위를 구체적으로 정하여, 즉 이미 위임하는 법률에서 위임받는 법령에 규정될 사항을 예측할 수 있도록 위임의 범위가 한정된 채로 위임되어야 한다. 이러한 맥락에서 경찰법과 경찰관 직무집행법에서 경찰의 국가감시를 '치안정보수집'으로 포괄적으로 규정하거나(경찰법 제3조 제4호 및 경찰관 직무집행법 제2조 제4호) 국가정보원법에서 국정원의 국가감시를 '국외정보 또는 보안정보의 수집'으로 추상적으로 규정하여(동법 제3조 제1호) 사실상 국가의 모든 정보수집활동을 정당화한 부분은 문제가 있다고 보인다.

2. 비례성원칙

국가감시가 정당한 공익 목적을 위하여 수행되더라도 비례성원칙이 허용하는 한도에서만 가능하다. 비례성원칙에 따르면 달성하려는 공익 목적을 위하여 투입되는 수단은 목적의 달성에 효과적이어야 하고(적합성원칙), 공익 목적의 달성으로 발생할 수 있는 피해를 최소화하여야 하며(필요성원칙), 공익 목적과 피해를 입는 법익을 균형적으로 실현하여야 한다(좁은 의미의 비례성원칙).[44] 따라서 국가감시의 경우에도, 달성하려는 공익 목적을 위하여 국가감시가 '효과적인 수단'이어야 하고, 발생할 수 있는 국민의 비밀에 관한 기본권에 대한 '침해를 최소화'하여야 하며, 달성하려는 목적과 비밀에 관한 기본권을 '균형적으로 실현'하여야 한다. 좀더 구체적으로 살펴보면 국가감시로 달성하려는 공익 목적을 구체적이고 명확하게 제시해야 할 뿐만 아니라 이러한 공

다른 한편으로는 새 입법을 통해 실현하고자 하는 공익 목적을 종합적으로 비교 · 형량하여야 한다."

44 비례성원칙에 대한 상세한 설명은 이준일, 〈헌법상 비례성원칙〉, 《공법연구》(한국공법학회), 제37집 제4호(2009), 25면 이하 참조.

익 이외의 목적으로 국가감시가 행해지는 것을 금지하고, 일정한 공익 목적을 위하여 실시되는 국가감시의 대상과 범위를 최소화하며, 국가감시는 비밀에 관한 기본권을 제한해야 할 만큼 중대하고 시급한 경우로 한정되어야 한다.

개인정보 보호법은 비례성원칙에 부합하는 정보수집의 원칙으로 다음과 같은 것들을 제시하고 있다(동법 제3조).

① 개인정보처리자는 개인정보의 처리 목적을 명확하게 하여야 하고 그 목적에 필요한 범위에서 최소한의 개인정보만을 적법하고 정당하게 수집하여야 한다.
② 개인정보처리자는 개인정보의 처리 목적에 필요한 범위에서 적합하게 개인정보를 처리하여야 하며, 그 목적 외의 용도로 활용하여서는 아니 된다.
③ 개인정보처리자는 개인정보의 처리 목적에 필요한 범위에서 개인정보의 정확성, 완전성 및 최신성이 보장되도록 하여야 한다.
④ 개인정보처리자는 개인정보의 처리 방법 및 종류 등에 따라 정보주체의 권리가 침해받을 가능성과 그 위험 정도를 고려하여 개인정보를 안전하게 관리하여야 한다.
⑤ 개인정보처리자는 개인정보 처리방침 등 개인정보의 처리에 관한 사항을 공개하여야 하며, 열람청구권 등 정보주체의 권리를 보장하여야 한다.
⑥ 개인정보처리자는 정보주체의 사생활 침해를 최소화하는 방법으로 개인정보를 처리하여야 한다.
⑦ 개인정보처리자는 개인정보의 익명처리가 가능한 경우에는 익명에 의하여 처리될 수 있도록 하여야 한다.
⑧ 개인정보처리자는 개인정보 보호법 및 관계 법령에서 규정하고 있는 책임과 의무를 준수하고 실천함으로써 정보주체의 신뢰를 얻기 위하여 노력하여야 한다.

정리하면 개인정보의 수집과 이용에서 그 목적과의 관련성이 강조되고 있는데 이것은 적합성원칙을 구체화하는 것이고, 개인정보의 수집과 이용으로 발생하는 권리침해의 최소화에 대한 강조는 필요성원칙을 구체화하는 것이다.

3. 개인정보자기결정권의 강화

국가감시로 제한되는 비밀에 관한 기본권은 우선적으로 방어권으로서 '소극적 권리'다. 국가가 비밀에 관한 기본권을 제약할 때 이를 중지해 주도록 요구할 수 있는 부작위청구권이 비밀에 관한 기본권이 가진 우선적인 기능이다. 하지만 국가감시가 합법적인 경우에도 국민은 국가가 수집한 자신의 정보를 열람하고, 잘못된 정보를 수정하거나 삭제하며, 사용의 중지를 요구할 수 있는 '적극적 권리'까지 가져야 한다. 여기서 자신의 정보에 대한 열람, 수정, 삭제, 사용중지를 요구할 수 있는 권리를 포함하는 '개인정보자기결정권'의 중요성이 강조된다.[45]

개인정보 보호법은 개인정보자기결정권을 구체화하는 정보주체의 권리로서 ① 개인정보의 처리에 관한 정보를 제공받을 권리, ② 개인정보의 처리에 관한 동의 여부, 동의 범위 등을 선택하고 결정할 권리, ③ 개인정보의 처리 여부를 확인하고 개인정보에 대하여 열람(사본의 발급을 포함)을 요구할 권리, ④ 개인정보의 처리 정지, 정정·삭제 및 파기를 요구할 권리, ⑤ 개인정보의 처리로 인하여 발생한 피해를 신속하고 공정한 절차에 따라 구제받을 권리를 열거하고 있다(동법 제4조). 특히 위치정보[46]와 관련하여 위치정보의 보호 및 이용 등에 관한 법률은 ① 개인위치정보의 수집, 이용 또는 제공의 일시적인 중지를 요구할 수 있는 권리, ② 개인위치정보에 관한 자료의 열람을 요구할

45 헌법재판소는 개인정보자기결정권을 다음과 같이 이해하고 있다. 헌재 2005. 5. 26. 99헌마513 등, 판례집 17-1, 668, 682면: "개인정보자기결정권은 자신에 관한 정보가 언제 누구에게 어느 범위까지 알려지고 또 이용되도록 할 것인지를 그 정보주체가 스스로 결정할 수 있는 권리이다. 즉 정보주체가 개인정보의 공개와 이용에 관하여 스스로 결정할 권리를 말한다. 개인정보자기결정권의 보호대상이 되는 개인정보는 개인의 신체, 신념, 사회적 지위, 신분 등과 같이 개인의 인격주체성을 특징짓는 사항으로서 그 개인의 동일성을 식별할 수 있게 하는 일체의 정보라고 할 수 있고, 반드시 개인의 내밀한 영역이나 사사(私事)의 영역에 속하는 정보에 국한되지 않고 공적 생활에서 형성되었거나 이미 공개된 개인정보까지 포함한다."

46 위치정보의 보호 및 이용 등에 관한 법률에 따르면 위치정보는 이동성이 있는 물건 또는 개인이 특정한 시간에 존재하거나 존재하였던 장소에 관한 정보로서 전기통신설비 및 전기통신회선설비를 이용하여 수집된 것을 의미한다(동법 제2조 제1호).

수 있는 권리, ③ 개인위치정보의 제3자 제공에 관하여 고지를 요구할 수 있는 권리, ④ 개인위치정보에 관한 자료의 오류에 대하여 정정을 요구할 수 있는 권리를 개인정보자기결정권을 구체화하는 권리로 보장하고 있다(동법 제24조 제2항 및 제3항).

그 밖에도 정보통신망 이용촉진 및 정보보호 등에 관한 법률에서는 정보통신서비스의 이용자에게 ① 정보통신서비스 제공자 등에 대하여 언제든지 개인정보 수집 · 이용 · 제공 등의 동의를 철회할 수 있는 권리와 ② 정보통신서비스 제공자 등에 대하여 본인에 관한 개인정보나 그 이용제공 현황에 대하여 열람이나 제공을 요구할 수 있고, 오류가 있는 경우에는 그 정정을 요구할 수 있는 권리가 보장되고 있다(동법 제30조 제1항 및 제2항). 또한 신용정보의 이용 및 보호에 관한 법률에 따르면 ① 신용정보제공 · 이용자가 개인신용정보를 타인에게 제공하려는 경우에는 해당 개인으로부터 미리 동의를 받아야 하고(동법 제32조 제1항), 신용정보제공 · 이용자가 개인식별정보를 신용정보회사 등에 제공하려는 경우에도 해당 개인의 동의를 받아야 하기 때문에(동법 제34조 제1항) 신용정보주체에게 신용정보의 제공에 관한 동의권이 보장되고, ② 신용정보제공 · 이용자가 신용조회회사 또는 신용정보집중기관에 제공하여 개인의 신용도 등을 평가하기 위한 목적 외의 목적으로 행한 개인신용정보 제공의 경우에 동의를 철회할 수 있는 권리를 보장한다(동법 제37조 제1항). 한편 ③ 신용정보회사 등이 본인에 관한 신용정보(본인정보)를 제공하는 경우에는 제공받은 자, 그 이용 목적, 제공한 날짜, 제공한 본인정보의 주요 내용 등을 알리도록 요구하거나 인터넷 홈페이지를 통하여 조회할 수 있도록 하여 줄 것을 요구할 수 있는 권리가 신용정보주체에게 보장되고(동법 제35조), ④ 개인인 신용정보주체에게는 신용조회회사에 대하여 1년 이내로서 정하는 일정한 기간마다 본인정보를 1회 이상 무료로 제공받거나 열람할 수 있는 권리를 보장한다(동법 제39조).

4. 역감시권의 논의

국가감시에 대해서는 국민이 소극적으로 '감시의 대상'에 머무르지 않고 오히려 적극적으로 국가를 감시하는 '감시의 주체'가 되어야 한다는 '역감시권'의 주장이 제기된다.[47] 벤담이 고안한 원형감옥인 파놉티콘에서처럼 소수에 의하여 감시받는 다수가 아니라 이제는 감시하는 소수를 역으로 감시하는 다수의 감시자로서 시놉티콘(synopticon)[48]의 주체가 되어야 한다고 한다. 이에 따라 국민이 국가에 대해서 적극적으로 정보공개를 청구할 수 있는 권리(정보공개청구권)가 주장되기도 한다. 역감시권의 논의 속에는 불법적이거나 부당한 국가감시에 대한 주권자인 국민의 저항이 담겨 있다. 너무나 흔한 주장이지만 국민주권원리에 따르면 당연하게도 모든 권력은 국민으로부터 나온다(헌법 제1조 제2항). 이처럼 국민은 국가권력의 존재근거일 뿐만 아니라 존재목적이기도 하기 때문에 감시권력을 포함한 모든 국가권력은 국민으로부터 나오고, 국민을 위하여 행사되어야 한다. 그럼에도 불구하고 국가감시의 현실은 국가의 감시권력이 스스로 생겨나고 그 자체를 위하여 행사됨으로써 국민을 단순한 감시대상으로 격하시키고 있다. 여기서 국민은 국가의 감시권력에 대한 감시자로서 이러한 감시권력이 국민을 위하여 행사되고 있는지를 감시할 수 있는 역감시의 권력을 보유해야 할 수밖에 없다.

---

47 역감시에 관한 논의는 홍성욱, 〈벤담의 파놉티콘(Panopticon)에서 전자 시놉티콘(Synopticon)까지 — 감시와 역감시, 그 열림과 닫힘의 변증법〉, 《한국과학사학회지》(한국과학사학회), 제23권 제1호(2001), 92면 이하 참조.

48 시놉티콘은 노르웨이 오슬로 대학의 교수인 마티젠(Thomas Mathiesen)의 논문 "The viewer society: Michel Foucault's 'Panopticon' revisited", *Theoretical Criminology*(1997), 215면 이하에서 유래한다. 그는 이 용어가 '모두 함께' 또는 '동시에'라는 의미를 가진 그리스어 'syn'과 '눈으로 본다'는 의미를 가진 'opticon'의 합성어로서 다수의 사람이 압축되어 있는 어떤 것을 함께 주목하는 상황(the situation where a large number focuses on something in common which is condensed), 다시 말해 소수가 다수를 보고 있는 상황의 정반대를 의미한다고 한다. 같은 논문, 219면 참조.

제4장 기업감시

I. 기업감시의 개념과 유형

1. 개념

조지 오웰이 그의 소설《1984》에서 감시자의 이름으로 불렀던 '빅 브라더(Big Brother)'는 국가에 대해서만 붙일 수 있는 이름은 아니다. 기업도 감시의 주체가 되어 노동생산성을 높이거나 기업의 재산을 보호하기 위하여 사용하는 근로자를 감시할 수 있고, 심지어 소비행태를 분석하여 마케팅에 활용하기 위하여 소비자를 감시할 수도 있다. 이처럼 기업감시는 근로자(노동자)에 대한 감시이기 때문에 '근로자(노동자)감시'라고 부를 수도 있고, 근로자가 제공하는 노동에 대한 감시이기 때문에 '노동감시'라고 부를 수도 있다.[49] 또한 기업감시의 대상이 소비자인 경우에는 '소비자감시'라고 지칭할 수도 있다. 기업에 대한 소비자의 감시, 즉 기업이 감시의 대상이 되고 소비자가 감시의 주체가 되는 감시도 '소비자감시'로 부를 수 있다는 점에서 '소비자감시'라는 용어는 사용되는 맥락에 따라 그 의미가 구분될 필요가 있다.

49 노동감시의 개념에 대해서는 강현철 · 차현숙 · 윤계형 · 유성재,《정보통신기기에 의한 노동인권 침해 실태조사》(2013), 국가인권위원회, 5면 참조.

2. 유형

(1) 노동감시

기업의 궁극적 목적은 최대한의 이윤을 획득하는 것이고, 이를 위해서는 생산성을 높여야 한다. 특히 '노동생산성을 향상'시키려는 목적에서 '근로자의 업무집중도'를 높이기 위하여 근로자가 임금을 대가로 제공하는 노동을 감시하려고 한다. 근로자의 출퇴근 시간은 정확하게 준수되는지, 근로자가 일하는 시간에 다른 일을 하지 않고 오로지 업무에만 몰두하는지, 업무 외의 일로 인터넷에 접속하여 시간을 보내고 있지는 않는지, 잡담이나 흡연 등으로 근무 시간을 그냥 흘려보내지는 않는지, 휴식 시간을 제대로 지키는지 등을 감시하고 싶어 한다. 또한 기업은 '기업의 재산을 보호'하려는 목적에서 근로자가 '기업에 위해를 가하는 행동을 예방'하기 위하여 근로자를 감시하기도 한다. 근로자가 기업의 비밀을 유출하지는 않는지, 기업의 재산을 빼돌리거나 훼손하지는 않는지 등을 감시하고자 한다. 그 밖에 기업의 작업장에서 발생할 수 있는 '사고의 예방'을 위해서도 근로자를 감시할 수 있다. 이러한 사고는 기업의 시설이나 설비로 인하여 근로자에게 발생하는 안전사고일 수도 있고, 근로자 간의 다툼으로 발생할 수 있는 폭행사고일 수도 있다. 이처럼 기업은 ① 노동생산성의 제고와 ② 기업재산의 보호 및 ③ 작업장 내 사고의 예방을 위하여 근로자의 노동을 감시하게 된다.

이와 같이 여러 가지 목적에서 기업이 근로자를 대상으로 노동을 감시하는 방식은 다양하다.[50] 기업은 통상적으로 관리자를 통하여 근로자의 노동을 감시하지만 근로자의 출퇴근 시간을 감시하기 위하여 신분증카드에 집적회로(IC: integrated circuit)를 넣은 후 전자태그(RFID) 시스템을 이용하여 출퇴근 시간을 등록하도록 하거나 사내용 개인 컴퓨터의 로그인과 로그아웃 시간을 확인하여 출퇴근 시간을 관리하고 통제할 수 있다. 업무집중도를 높이려는

---

50 노동감시의 다양한 형태에 대한 설명은 이희성, 〈작업장내에서의 전자메일 및 CCTV의 감시와 근로자의 프라이버시보호〉, 《원광법학》(원광대학교 법학연구소), 제18집(2001), 177면 이하 참조.

목적에서 근무 시간에 이루어지는 사적인 인터넷 사용을 막기 위하여 특정한 웹사이트에 대한 접속을 차단하거나 웹사이트 접속기록을 저장하기도 한다. 최근에는 외근하는 근로자의 동태를 파악하기 위하여 근로자가 휴대하는 스마트폰이나 태블릿PC 또는 자동차 내비게이션에 탑재된 지피에스(GPS)기능을 이용하거나 별도의 GPS장치를 부착하여[51] 근로자의 위치를 추적하기도 한다. 특히 사람을 운송하거나 화물을 배송하는 업무를 담당하는 근로자에 대한 감시를 위하여 운전거리, 운전 시간, 정차 시간 등을 기록하는 컴퓨터를 자동차에 부착하기도 한다. 또한 기업의 재산을 보호하고 작업장에서 발생할 수 있는 사고를 예방하기 위하여 CCTV를 기업시설이나 작업장에 설치하여 근로자의 활동을 감시할 수 있다. 게다가 근로자가 사용하는 사내 개인 컴퓨터에 프로그램을 설치하거나 회사에서 제공하는 스마트폰에 애플리케이션을 설치하여 근로자가 주고받는 전자메일(e-mail)이나 메신저, 문자메시지, 심지어 전화통화의 내용을 감시할 수도 있다. 또한 스마트폰의 문자메시지를 이용하여 업무시간 외에도 업무지시가 내려짐으로써 업무시간 외의 일상에 대한 감시도 빈번하게 이루어지고 있는 것이 현실이다.

〔참조〕 직원에 GPS 부착 … '전자노동감시' 불안감 확산(세계일보, 2014년 5월 26일)

최근 프랜차이즈 분식 브랜드 '○○떡볶이'에서 GPS를 이용해 직원들의 근무위치를 실시간으로 감시해온 사실이 알려지며 본사의 근로자 인권 침해 논란이 일고 있다. GPS란 비행기 · 선박 · 자동차뿐만 아니라 세계 어느 곳에서든지 인공위성을 이용해 자신의 위치를 정확히 알 수 있는 시스템이다. 26일 프랜차이즈업계에 따르면 ○○떡볶이는 외근직인 슈퍼바이저들이 사용하는 태블릿PC와 법인차량에 부착된 GPS 위치추적장치를 통해 직원들의 근무 동선을 실시간으로 파악해 왔다.

사생활 침해 논란이 불거지자 ○○푸드 측은 태블릿PC 내 GPS 기능을 삭제하고 차량에 부착된 장비를 철수했지만 근로자들의 불안감은 잦아들지 않고 있다. ○○푸드 관계자는 "많은 기업들이 영업 현장에서 최신 전자기기를 활용하고 있는 추세"라며 "업무 효율을 높이고자 하는 측면에서 도입한 것이지 직원을 감시하려는 의도는 아니었다"고 해

51 위성위치추적시스템은 여러 가지가 있는데 그중에 가장 널리 알려진 것이 미국의 위성을 이용한 'GPS'일 뿐, GPS가 모든 위성위치추적시스템을 지칭하는 것으로 오해되는 것은 곤란하다.

명했다. 사생활 침해 논란에 대해서는 "외부에서 문제를 제기하기 이전까지 내부에서 위치추적기 부착에 대한 불만의 목소리는 없었다"고 말했다.

그러나 이번 사건으로 업계에서 전반적으로 자행되고 있는 이른바 무차별적 '전자노동감시'에 대한 우려의 목소리가 높다. 전자노동감시란 기업이 스마트 기기를 동원해 직원들의 근무 행동을 감시하는 새로운 노동 감시 형태를 일컫는 말이다. 감시 장비가 첨단화되면서 CCTV, GPS, PDA, 블랙박스 등 다양한 장비를 통해 근로자들은 자신도 모르는 사이 감시를 당하고 있는 것으로 조사됐다.

올 1월 국가인권위원회에서 발표한 '정보통신기기에 의한 노동인권 침해 실태조사'에 따르면, 근로자 10명 중 3명(31%)이 "회사에서 근로감시를 하고 있다"고 인식하고 있고, 근로자 10명 중 6명(60.3%)이 "근로감시를 규제할 제도적 장치가 필요하다"고 응답했다. 2012년 인권위에 접수된 감시 사례는 169건으로, 이는 2007년의 42건에 비해 4배 이상 증가한 것이다. 점포 내 설치된 CCTV가 직원들의 근무 실태를 평가하는 도구로 활용되는 사례도 비일비재하다. 청년유니온 백우연 노동상담국장은 "점주가 CCTV를 통해 원격으로 일거수일투족을 감시하는 일이 가능해지면서 고충을 호소하는 근로자들이 늘고 있다"며 "이는 현행 개인정보 보호법상 불법임에도 실제로 형사 처벌을 받는 경우는 거의 없다"고 지적했다.

한편 지난달 새정치민주연합 진선미 의원은 CCTV 등 전자 감시설비를 설치해 노동감시 수단으로 악용되는 것을 방지하는 근로기준법 개정안을 국회에 대표 발의했다. 이번 개정안은 근로자의 사생활 보호를 위해 사용자가 감시설비를 원칙적으로 설치·운영하지 못하도록 하는 내용을 주 골자로 하고 있다.[52] 진선미 의원은 "정보통신기기 발달로 근로사업장내 전자기기를 통한 근로자의 노동감시 문제가 심각하다"며 "근로자의 안전과 시설보호 목적 등 최소한으로 설치된 감시설비의 경우에도 관련 정보를 근로자에게 알리고 목적 외 이용이나 제3자에게 제공하지 못하게 규제할 필요가 있다"고 말했다.

---

52 2014년 4월 11일 진선미 의원이 대표발의한 '근로기준법 일부개정법률안'에는 노동감시를 규제하기 위하여 다음과 같은 조항이 추가되어 있다.

제100조의2(감시 설비의 설치·운영 등) ① 사용자는 사업장 내에서 근로자의 노동 감시 수단으로 전자적 감시 설비를 설치하여서는 아니 된다.

② 사용자는 근로자 안전사고 예방, 사업장 시설의 도난 방지 및 영업비밀보호 등을 목적으로 사업장 내에 감시 설비를 설치·운영하려는 경우 감시 설비의 유형과 감시 설비를 통하여 수집하는 정보 및 그 수집·이용 목적을 대통령령으로 정하는 방법에 따라 근로자에게 알리고 설치 여부 및 설치 방법 등에 대하여 근로자의 의견을 수렴하여야 한다.

③ 사용자는 제2항에 따라 설치한 감시 설비를 통하여 수집한 정보를 목적 외의 용도로 이용하거나 제3자에게 제공하여서는 아니 된다. 다만, 다른 법률에 특별한 규정이 있는 경우에는 그러하지 아니하다.

(2) 소비자감시

한편 기업은 소비자를 대상으로 다양한 정보를 수집하여 이윤추구의 목적에 활용할 수도 있다. 우선 기업은 잠재적 소비자의 개인정보, 특히 전화번호나 이메일주소를 확보한 뒤에 광고수단으로 활용할 수도 있고, 소비자의 인터넷상 상품검색기록이나 상품구매내역에 관한 정보를 수집하여 소비성향이나 소비패턴을 알아낸 뒤에 마케팅수단으로 활용할 수도 있다. 기업이 소비자의 소비활동을 감시하는 이유는 결국 기업의 존재목적인 이윤추구에 있다. 소비자의 소비활동을 감시하여 기업이 획득하는 정보는 대부분 개인정보에 속하므로 본인의 동의가 없는 경우에는 금지되어야 한다. 그렇지만 대부분의 온라인 거래에서 경험할 수 있는 것처럼 온라인 거래의 조건으로 개인정보의 수집과 이용에 대한 동의를 요구받는다. 이에 따라 불가피하게 온라인으로 거래할 수밖에 없는 소비자는 자신의 개인정보를 공개하고 이용하는 데 동의할 수밖에 없고, 이렇게 수집된 개인정보는 원래의 목적인 거래에 이용되는 것을 넘어 기업의 마케팅수단으로까지 활용된다. 여기서 자신의 개인정보에 대한 목적 외 사용금지나 사용의 중지 또는 폐기를 요구할 수 있는 '개인정보자기결정권'의 중요성이 주목받는다.[53]

II. 기업감시의 근거와 한계

1. 직업의 자유와 재산권

헌법이 보장하고 있는 '직업의 자유'(헌법 제15조)와 '재산권'(헌법 제23조)에 근거하여 기업은 근로자나 소비자에 대한 정보수집이나 감시를 정당화할 수 있다. 이는 직업의 자유가 직업선택의 자유뿐만 아니라 직업수행의 자유를 보장하고, 직업수행의 자유에 근거하여 다양한 영업활동의 자유가 보장되기

53 개인정보자기결정권에 대해서는 이 책 제2장 I. 3.(30-31면) 및 제3장 III. 3.(51-52면) 참조.

때문이다.[54] 또한 재산권의 대상으로서 기업의 활동은 재산권 행사의 방법으로 이해될 수도 있고, 기업의 재산에 대한 보호도 재산권의 일부로 이해되기 때문이다. 더욱이 기업과 맺은 '근로계약'에 따라 근로자는 성실하게 근로를 제공해야 할 의무가 존재하기 때문에 이러한 성실한 근로제공의무의 이행을 확인하기 위하여 기업은 근로자를 감시하기도 한다. 그리고 기업은 작업장에서 발생할 수 있는 사고나 범죄의 예방을 위해서도 근로자를 감시할 수 있다. 그 밖에도 기업은 영업비밀이나 재산을 보호하기 위하여 근로자를 감시하게 된다. 한편 기업의 존재목적은 이윤추구이기 때문에 이러한 목적을 실현하기 위하여 소비자의 정보를 수집하는 행위도 정당화될 수 있다.

2. 근로자와 소비자의 권리

기업이 직업의 자유와 재산권에 근거하여 근로자와 소비자에 대한 정보수집을 정당화할 수 있다고 하더라도 이러한 권리도 무제한의 권리로 인정될 수는 없다. 기업의 정보수집으로 근로자와 소비자의 사생활의 비밀에 관한 권리(헌법 제17조)가 침해되기 때문이다. 또한 인터넷을 이용한 소비활동의 경우에는 소비자에게 보장된 통신의 비밀에 관한 권리(헌법 제18조)를 침해할 수도 있다. 이처럼 근로자와 소비자의 권리를 침해할 수 있는 기업의 정보수집행위는 제한이 필요하다. 다만 소비자의 권리를 위하여 기업의 권리를 제한하는 경우는 복수의 기본권이 충돌하는 전형적인 기본권충돌상황에 해당한다.

3. 기본권의 충돌과 비례성원칙

기업의 정보수집은 기업에게 보장된 직업의 자유 및 재산권과, 근로자와 소

54 헌법재판소도 직업의 자유에 영업의 자유가 포함되어 있다고 본다. 헌재 2011. 11. 24. 2011헌바18, 판례집 23-2하, 410, 422면: "헌법 제15조는 직업선택의 자유를 보장하는 것에서 나아가 영업내용을 어떻게 할 것인지에 관한 직업수행의 자유 내지 영업의 자유를 포함하는 직업의 자유를 보장하고 있다."

비자에게 보장된 사생활 및 통신의 비밀에 관한 권리가 서로 부딪히는 '기본권충돌'의 문제를 발생시킨다.[55] 기본권이 충돌하면 서로 충돌하는 기본권 가운데 한 쪽의 기본권만을 일방적으로 보장할 수 없고, 양쪽의 기본권이 균형적으로 실현될 수 있도록 보장해야 한다. 헌법상 보장된 기본권에 추상적인 서열이 존재하여 언제나 우월한 기본권이 존재하는 것은 아니기 때문이다. 따라서 기본권이 서로 충돌하면 구체적인 상황을 고려하여 어떠한 기본권이 어떠한 조건에서 우월한지를 개별적으로 결정해야 한다. 그것은 비례성원칙에 따라 기업에게 보장된 직업의 자유와 재산권을 최대한 실현하면서도, 근로자와 소비자에게 보장된 사생활과 통신의 비밀에 관한 권리는 최소한 침해받도록 보장하는 것이어야 한다.

이러한 기본권충돌의 상황은 기업과 근로자 또는 기업과 소비자 사이에 체결되는 계약의 효력을 다툴 때 발생하기 때문에 '기본권의 대사인적 효력(제3자효)'이 문제될 수 있다.[56] 기본권의 대사인적 효력에 관한 법리에 따르면 사인 간에 체결된 계약의 효력이 법원에서 다투어질 때 법관은 양쪽 당사자의 기본권을 모두 고려하여 조화롭게 실현되도록 판결하여야 한다.[57] 이처럼 기본권의 대사인적 효력의 법리는 구체적으로 충돌하는 기본권의 조화로운

55 기본권충돌의 법리에 대한 자세한 논의는 홍성방, 〈기본권의 충돌과 경합〉, 《안암법학》(안암법학회), 제9호(1999), 1면 이하; 장영수, 〈기본권의 대사인적 효력과 기본권의 충돌〉, 《고려법학》(고려대학교 법학연구원), 제38호(2002), 120면 이하 참조.

56 기본권의 대사인적 효력에 대한 자세한 설명은 이준일, 〈기본권의 대사인적 효력의 적용〉, 《헌법실무연구》(헌법재판소), 제10권(2009), 148면 이하 참조.

57 실제로 최고법원인 대법원도 기본권의 대사인적 효력을 인정하고 있다. 대법원 2010. 4. 22. 선고 2008다38288: "헌법상의 기본권은 제1차적으로 개인의 자유로운 영역을 공권력의 침해로부터 보호하기 위한 방어적 권리이지만 다른 한편으로 헌법의 기본적인 결단인 객관적인 가치질서를 구체화한 것으로서, 사법(私法)을 포함한 모든 법 영역에 그 영향을 미치는 것이므로 사인간의 사적인 법률관계도 헌법상의 기본권 규정에 적합하게 규율되어야 한다. 다만 기본권 규정은 그 성질상 사법관계에 직접 적용될 수 있는 예외적인 것을 제외하고는 사법상의 일반원칙을 규정한 민법 제2조, 제103조, 제750조, 제751조 등의 내용을 형성하고 그 해석 기준이 되어 간접적으로 사법관계에 효력을 미치게 된다. 종교의 자유라는 기본권의 침해와 관련한 불법행위의 성립 여부도 위와 같은 일반규정을 통하여 사법상으로 보호되는 종교에 관한 인격적 법익침해 등의 형태로 구체화되어 논하여져야 한다."

실현에 대한 법관의 의무로 구체화되고, 이러한 의무의 준수 여부를 사후에 판단할 수 있는 방법은 '재판에 대한 헌법소원'이다. 하지만 현재 재판에 대한 헌법소원은 인정되지 않기 때문에 감시와 관련된 계약이 법원에서 문제되었을 때 법관이 양쪽 당사자의 기본권을 조화롭게 실현하는 방식으로 판결을 내렸는지에 대하여 통제할 수 있는 수단이 존재하지 않는다.

한편 기본권충돌은 기업과 근로자 또는 기업과 소비자의 법적 관계를 규율할 때도 발생하기 때문에 제3자에 의한 기본권침해로부터 보호해야 할 국가의 의무(보호의무)[58] 또는 제3자에 의한 기본권침해로부터 국가의 입법적 보호를 요구할 수 있는 권리(보호권)가 문제될 수도 있다. 이러한 보호의무 또는 보호권의 법리에 따르면 국가는 기본권을 침해하는 행위를 금지하고 이를 위반할 때 형벌을 부과하는 법률을 제정해야 한다. 적어도 입법자는 민사상 불법행위에 관한 규정을 두어 제3자에 의한 기본권침해로 손해가 발생한 경우에 손해배상을 청구할 수 있도록 보장해야 한다. 따라서 감시와 관련해서도 근로자나 소비자의 비밀에 관한 권리가 침해받지 않도록 입법적 보호조치가 요구된다. 예컨대 개인정보 보호법에 따라 정보주체의 동의를 받지 않

58 헌법재판소도 국가의 기본권보호의무를 인정하면서 이 의무를 준수했는지 여부를 심사하는 기준으로서 과소보호금지원칙을 제시한다. 헌재 2009. 2. 26. 2005헌마764 등, 판례집 21-1상, 156, 177면: "기본권 보호의무란 기본권적 법익을 기본권 주체인 사인에 의한 위법한 침해 또는 침해의 위험으로부터 보호하여야 하는 국가의 의무를 말하며, 주로 사인인 제3자에 의한 개인의 생명이나 신체의 훼손에서 문제되는데, 이는 타인에 의하여 개인의 신체나 생명 등 법익이 국가의 보호의무 없이는 무력화될 정도의 상황에서만 적용될 수 있다. … 그런데 국가가 국민의 생명 · 신체의 안전을 보호할 의무를 진다 하더라도 국가의 보호의무를 입법자 또는 그로부터 위임받은 집행자가 어떻게 실현하여야 할 것인가 하는 문제는 원칙적으로 권력분립과 민주주의의 원칙에 따라 국민에 의하여 직접 민주적 정당성을 부여받고 자신의 결정에 대하여 정치적 책임을 지는 입법자의 책임범위에 속하므로, 헌법재판소는 단지 제한적으로만 입법자 또는 그로부터 위임받은 집행자에 의한 보호의무의 이행을 심사할 수 있는 것이다. … 따라서 국가가 국민의 생명 · 신체의 안전에 대한 보호의무를 다하지 않았는지 여부를 헌법재판소가 심사할 때에는 국가가 이를 보호하기 위하여 적어도 적절하고 효율적인 최소한의 보호조치를 취하였는가 하는 이른바 '과소보호금지원칙'의 위반 여부를 기준으로 삼아, 국민의 생명 · 신체의 안전을 보호하기 위한 조치가 필요한 상황인데도 국가가 아무런 보호조치를 취하지 않았든지 아니면 취한 조치가 법익을 보호하기에 전적으로 부적합하거나 매우 불충분한 것임이 명백한 경우에 한하여 국가의 보호의무의 위반을 확인하여야 하는 것이다."

고 개인정보를 제3자에게 제공한 자 및 그 사정을 알고 개인정보를 제공받은 자, 민감정보나 고유식별정보를 처리한 자가 형사처벌을 받도록 한 입법(동법 제71조)이 보호입법에 해당한다.

기업의 감시를 기본권충돌의 문제로 접근하면서 비례성원칙에 따라 조화로운 해결책을 모색하려고 하는 경우에 기업의 노동감시를 기본권 측면에서 정당화하기 위하여 무엇보다도 먼저 입증해야 하는 것은 노동감시를 통해 노동생산성이 향상된다는 점이다. 물론 상시적인 감시를 통해 업무에 대한 근로자의 긴장감과 집중도를 높임으로써 노동생산성이 향상되는 측면이 없는 것은 아니다. 하지만 기업이 노동자를 감시함으로써 사용자와 노동자 사이의 신뢰가 깨질 수 있고, 사용자에 의하여 감시당하는 노동자의 사기와 충성심이 저하될 수 있으며 근로자와 사용자 사이에 요구되는 공동체적 연대성이 파괴됨으로써 발생하는 노동생산성의 감소도 함께 고려될 필요가 있다. 노동감시는 근로자에게 정신적 스트레스로 작용하여 오히려 노동생산성을 저하시킬 수도 있다. 단기적으로만 보면 노동감시는 억지로라도 근로자를 노동에 집중하게 함으로써 노동생산성을 향상시키는 효과가 있다. 그러나 장기적으로 보면 노동감시는 근로자를 자율적으로 노동을 제공하는 창조적 존재가 아니라 사용주의 감시를 피해 다니면서 감시가 있는 곳에서만 일하는 타율적 존재로 전락시킴으로써 노동생산성을 오히려 감소시킬 수도 있다.

III. 기업감시 관련 법제

1. 개인정보 보호법

개인정보 보호법은 CCTV를 이른바 "영상정보처리기기"[59]의 하나로 분류하

59 개인정보 보호법에 따르면 영상정보처리기기는 "일정한 공간에 지속적으로 설치되어 사람 또는 사물의 영상 등을 촬영하거나 이를 유·무선망을 통하여 전송하는 장치"로 정의되고(동법 제2조

면서 CCTV를 이용한 정보수집을 규율한다. 따라서 기업이 CCTV를 이용하여 근로자를 감시하는 행위도 개인정보 보호법의 규제를 받는다.[60] 우선 CCTV를 '공개된 장소'에 설치하는 행위는 예외적으로만 허용되기 때문에 무엇보다도 기업의 작업장이 공개된 장소인지 여부가 문제될 수 있다. 법률이 규율하고자 하는 대상은 '공개된 장소'에 한정되어 '공개되지 않은(비공개) 장소'의 경우에는 규율대상이 아니므로 만약 기업의 작업장이 공개된 장소가 아니라면 원칙적으로 CCTV는 설치될 수 있다. 기업의 작업장이 공개된 장소가 아니어서 CCTV를 설치할 수 있다고 하더라도 기업의 작업장과 가까운 장소에 설치되어 "불특정 다수가 이용하는 목욕실, 화장실, 발한실(發汗室), 탈의실 등 개인의 사생활을 현저히 침해할 우려가 있는 장소의 내부를 볼 수 있"는 CCTV는 설치가 금지되기 때문에(동법 제25조 제2항) 기업의 경우에도 이러한 장소에까지 CCTV를 설치하는 행위는 금지된다. 또한 개인정보 보호법은 CCTV를 설치할 수 있는 목적을 "① 법령에서 구체적으로 허용하고 있는 경우, ② 범죄의 예방 및 수사를 위하여 필요한 경우, ③ 시설안전 및 화재 예방을 위하여 필요한 경우, ④ 교통단속을 위하여 필요한 경우, ⑤ 교통정보의 수집 · 분석 및 제공을 위하여 필요한 경우"로 제한하고 있기 때문에(동법 제25조 제1항) 작업장을 공개된 장소로 보는 경우에 기업이 작업장에 CCTV를 설치하는 목적은 범죄의 예방 및 수사 또는 시설안전 및 화재 예방으로 국한될 수밖에 없다.

개인의 사생활을 현저히 침해할 우려가 있는 장소에 CCTV를 설치하는 것

제7호), 동법 시행령에서 영상정보처리기기로 폐쇄회로 텔레비전과 네트워크 카메라를 열거하고 있다. 여기서 폐쇄회로 텔레비전은 ① "일정한 공간에 지속적으로 설치된 카메라를 통하여 영상 등을 촬영하거나 촬영한 영상정보를 유무선 폐쇄회로 등의 전송로를 통하여 특정 장소에 전송하는 장치" 또는 ② 이에 따라 "촬영되거나 전송된 영상정보를 녹화 · 기록할 수 있도록 하는 장치"를 의미한다(동시행령 제3조). 그리고 네크워크 카메라는 "일정한 공간에 지속적으로 설치된 기기로 촬영한 영상정보를 그 기기를 설치 · 관리하는 자가 유무선 인터넷을 통하여 어느 곳에서나 수집 · 저장 등의 처리를 할 수 있도록 하는 장치"를 의미한다.

60 영상감시에 대해서는 이 책 제9장(131면 이하) 참조.

은 금지되지만 개인정보 보호법에 따라 범죄의 예방 및 수사 또는 시설안정 및 화재 예방을 목적으로 기업 내부의 다양한 장소에 CCTV가 설치될 수 있다. 따라서 기업이 작업장에 CCTV를 설치하는 경우에 법률에서 정해진 것 이외의 목적으로 CCTV를 통해 수집한 정보를 사용할 수 없도록 엄격하게 제한해야 할 필요성이 있다. 다만 CCTV를 설치할 수 있는 목적이 매우 추상적이어서 사실상 이러한 목적만으로도 대부분의 경우에 CCTV 설치가 정당화될 가능성이 높다.

2. 노동관계법

기업에 노동조합이 설립되어 있는 경우라면 노동조합 및 노동관계조정법에 따라 노동조합은 사용자와 교섭하여 단체협약을 체결할 수 있기 때문에(동법 제29조 제1항) 단체협약에 작업장 내 CCTV 설치에 동의하는 내용을 포함시킬 수 있는지가 문제될 수 있다. 노동조합은 근로자가 주체가 되어 자주적으로 단결하여 근로조건의 유지 · 개선 기타 근로자의 경제적 · 사회적 지위의 향상을 도모함을 목적으로 조직하는 단체이므로(동법 제2조 제4호) 기본적으로 근로조건에 관하여 사용자와 교섭하여 단체협약을 체결할 수 있고, 작업장 내 CCTV 설치는 근로조건에 관한 사항이므로 교섭대상으로 단체협약에 포함시킬 수 있다고 보아야 한다.[61] 또한 근로자참여 및 협력증진에 관한 법률에 따라 30명 이상의 근로자를 사용하는 기업은 노사협의회를 설치하여야 하고(동법 제4조),[62] 법률에 열거된 사항에 대하여 협의하여야 하는데,[63] 이러

61 작업장 내 CCTV 설치가 근로조건에 해당하는지 여부에 대한 상세한 논의로 박은정, 〈전자적 수단에 의한 사업장 감시시스템의 성격에 대한 노동법적 고찰〉, 《노동정책연구》(한국노동연구원), 제7권 제4호(2007), 219면 이하; 김가람, 〈전자적 수단에 의한 근로자 감시와 노동법적 과제〉, 《노동법포럼》(노동법이론실무학회), 제2권(2009), 270면 이하 참조.

62 정당한 사유 없이 노사협의회의 설치를 거부하거나 방해하는 자는 벌금형에 처해진다(근로자참여 및 협력증진에 관한 법률 제30조 제1호).

63 근로자참여 및 협력증진에 관한 법률에 따라 노사협의회에서 협의하여야 할 사항으로는 ① 생산성 향상과 성과 배분, ② 근로자의 채용 · 배치 및 교육훈련, ③ 근로자의 고충처리, ④ 안전, 보건,

한 협의사항 가운데 하나가 "사업장 내 근로자 감시 설비의 설치"이기 때문에(동법 제20조 제14호) 작업장 내 CCTV의 설치에 관한 사항은 반드시 노사협의회의 협의를 거쳐야 한다. 다만 노사협의회의 결정은 '협의'의 형식으로 '의결'로써 결정해야 하고 이러한 의결을 정당한 사유 없이 이행하지 않으면 처벌을 받는 경우(동법 제30조 제2호)는 제한적으로 열거되어 있기 때문에[64] 노사협의회의 협의사항을 협의하지 않는다고 해서 법적 제재를 받는 것은 아니다. 따라서 작업장 내 CCTV 설치에 관하여 노사협의회의 협의를 거치지 않거나 작업장 내 CCTV를 설치하지 않는다는 노사협의회의 결정이 있음에도 불구하고 사용자가 작업장 내에 CCTV를 설치하여도 이를 제재할 수 있는 수단은 마련되어 있지 않다. 더구나 노사협의회는 상시 30명 미만의 근로자를 사용하는 사업이나 사업장의 경우에 설치하지 않아도 되기 때문에 이와 같은 사업이나 사업장에 고용된 근로자는 작업장 내 CCTV를 통한 노동감시로부터 자유로울 수 없다.

3. 통신비밀보호법

통신비밀보호법은 우편물에 대한 검열이나 전기통신에 대한 감청을 금지하고 있기 때문에(동법 제3조 제1항) 기업이 근로자가 주고받는 전자우편을 엿보는 행위(이메일e-mail 감시)는 전기통신에 대한 감청으로 금지되고, 이를 위반하면 형사처벌을 받게 된다(동법 제16조 제1항).[65] 다만 대법원은 '현재 진행

그 밖의 작업환경 개선과 근로자의 건강증진, ⑤ 인사 · 노무관리의 제도 개선, ⑥ 경영상 또는 기술상의 사정으로 인한 인력의 배치전환 · 재훈련 · 해고 등 고용조정의 일반원칙, ⑦ 작업과 휴게 시간의 운용, ⑧ 임금의 지불방법 · 체계 · 구조 등의 제도 개선, ⑨ 신기계 · 기술의 도입 또는 작업 공정의 개선, ⑩ 작업 수칙의 제정 또는 개정, ⑪ 종업원지주제(從業員持株制)와 그 밖에 근로자의 재산형성에 관한 지원, ⑫ 직무 발명 등과 관련하여 해당 근로자에 대한 보상에 관한 사항, ⑬ 근로자의 복지증진, ⑭ 사업장 내 근로자 감시 설비의 설치, ⑮ 여성근로자의 모성보호 및 일과 가정생활의 양립을 지원하기 위한 사항, ⑯ 그 밖의 노사협조에 관한 사항이 포함된다(동법 제20조 제1항).

64 노사협의회의 의결사항으로는 ① 근로자의 교육훈련 및 능력개발 기본계획의 수립, ② 복지시설의 설치와 관리, ③ 사내근로복지기금의 설치, ④ 고충처리위원회에서 의결되지 아니한 사항, ⑤ 각종 노사공동위원회의 설치가 있다(근로자참여 및 협력증진에 관한 법률 제21조).

중'인 전기통신행위에 대해서만 감청을 인정하기 때문에 이미 수신이 완료된 이메일을 열어보는 행위를 감청이 아니라고 본다.

> 따라서 '전기통신의 감청'은 위 '감청'의 개념 규정에 비추어 현재 이루어지고 있는 전기통신의 내용을 지득·채록하는 경우와 통신의 송·수신을 직접적으로 방해하는 경우를 의미하는 것이지 전자우편이 송신되어 수신인이 이를 확인하는 등으로 이미 수신이 완료된 전기통신에 관하여 남아 있는 기록이나 내용을 열어보는 등의 행위는 포함하지 않는다 할 것이다. 이는 행위의 태양으로 보면 오히려 위 법에서 우편물에 대하여 당사자의 동의 없이 개봉하는 등의 행위를 규정한 '검열'에 가까운 것이지만, 전자우편의 검열은 통신제한조치 허가 등 위 법에 의한 규율대상에 포함되지 않음이 법문의 규정상 명백하다.[66]

이미 수신이 완료된 이메일을 열어보는 행위는 전기통신에 대한 감청이 아니며, 우편물에 대한 검열과 유사하나 이를 규제하는 법률이 없어 처벌할 수 없다는 취지다. 이메일에 대한 감시를 규율하기 위해서는 통신비밀보호법에서 금지하고 있는 전기통신에 대한 감청의 범위를 이미 수신이 완료된 전기통신으로 확대하든지 이미 수신된 이메일의 경우에는 우편물에 대한 검열에 포함시키거나 애초에 이메일을 우편물에 포함시키는 입법적 보완이 요구된다. 감시의 대상은 현재의 것이든 과거의 것이든 물을 필요가 없기 때문에 감시의 한 유형인 '감청'의 경우에도 그 대상이 반드시 현재 진행 중인 통신에 한정될 필요는 없고, 굳이 감청의 대상을 현재의 것으로 제한한다면 이메일에 대한 감시의 경우에는 그 대상이 현재의 것에 제한되지 않는 '검열'로 볼 수 있으며, 이메일은 전기통신을 형식으로 주고받지만 실질적으로는 서신(편지)과 같은 우편물이기 때문이다.

---

65 통신감시에 대해서는 이 책 제8장(112면 이하) 참조.

66 대법원 2012. 11. 29. 선고 2010도9007 판결 참조.

4. 위치정보의 보호 및 이용 등에 관한 법률

위치정보의 보호 및 이용 등에 관한 법률에 따르면 본인 또는 소유자의 동의를 얻지 않고 개인 또는 이동성이 있는 물건의 위치정보를 수집·이용 또는 제공하는 행위는 원칙적으로 금지된다(동법 제15조 제1항).[67] 따라서 근로자의 동의를 받지 않고 근로자나 그가 사용하는 자동차에 위치추적장치를 부착하여 위치나 이동경로를 확인함으로써 근로자를 감시하는 행위는 금지된다. 이에 따라 근로자의 위치추적은 본인의 동의를 받아 이루어지는데, 불리한 위치에 놓인 근로자로서는 위치추적에 대한 사용자의 동의 요구를 거부하기 어려울 수밖에 없다. 여기서 CCTV와 마찬가지로 위치추적장치는 근로조건과 관계되기 때문에 노동조합이 설립되어 있다면 위치추적장치의 부착 여부는 교섭대상으로서 단체협약에 포함시켜야 한다. 한편 노동조합이 설립되어 있지 않은 경우에 상시 30인 이상의 근로자를 사용하는 사업이나 사업장에는 노사협의회가 설치되어야 하고 "사업장 내 근로자 감시 설비의 설치"는 협의사항에 포함되어 있다는 점(근로자참여 및 협력증진에 관한 법률 제20조 제14호)을 고려하여 위치추적장치의 부착도 협의사항에 포함시킬 필요가 있다. 다만 노사협의회의 협의사항은 협의를 거치지 않거나 협의된 내용을 이행하지 않아도 제재수단이 없기 때문에 제재수단에 관한 입법적 보완이 요구된다.

67 위치감시에 대해서는 이 책 제10장(146면 이하) 참조.

제5장 시설감시

I. 집단수용시설과 감시

다수의 사람을 집단으로 수용하여 보호하는 '집단수용시설' 또는 '다중보호시설'이 다양하게 존재한다. 국가인권위원회법은 이러한 시설을 "다수인 보호시설"로 지칭하면서 "많은 사람을 보호하고 수용하는 시설"이라고 정의한다(동법 제2조 제2항 마호). 이러한 다수인 보호시설로 같은 법 시행령은 다음과 같은 시설들을 열거하고 있다(동시행령 제2조).[68]

- 아동복지시설[69]: 「아동복지법」에 따른 ① 아동양육시설, ② 아동일시보호시설, ③ 아동보호치료시설, ④ 공동생활가정, ⑤ 자립지원시설

---

68 보호시설에 있는 미성년자의 후견 직무에 관한 법률에서도 유사하게 "보호시설"에 ①「아동복지법」에 따른 아동복지시설 중 대통령령으로 정하는 시설, ②「장애인복지법」의 장애인 거주시설, ③「정신보건법」의 정신질환자사회복귀시설 및 정신요양시설, ④「한부모가족지원법」의 미혼모자가족복지시설, ⑤「노숙인 등의 복지 및 자립지원에 관한 법률」의 노숙인자활시설, 노숙인재활시설 및 노숙인요양시설을 포함시키고 있다.

69 아동복지시설은 ① 아동양육시설(보호대상아동을 입소시켜 보호, 양육 및 취업훈련, 자립지원 서비스 등을 제공하는 것을 목적으로 하는 시설), ② 아동일시보호시설(보호대상아동을 일시보호하고 아동에 대한 향후의 양육대책수립 및 보호조치를 행하는 것을 목적으로 하는 시설), ③ 아동보호치료시설(아동에게 보호 및 치료 서비스를 제공하는 시설로서 불량행위를 하거나 불량행위를 할 우려가 있는 아동으로서 보호자가 없거나 친권자나 후견인이 입소를 신청한 아동 또는 가정법

- 장애인복지시설[70]: 「장애인복지법」에 따른 장애인 거주시설
- 정신보건시설[71]: 「정신보건법」에 따른 ① 정신의료기관(수용시설을 갖추고 있는 것만 해당), ② 정신질환자사회복귀시설, ③ 정신요양시설
- 노숙인복지시설[72]: 「노숙인 등의 복지 및 자립지원에 관한 법률」에 따른 ① 노숙인일시보호시설, ② 노숙인자활시설, ③ 노숙인재활시설, ④ 노숙인요양시설

원, 지방법원소년부지원에서 보호위탁된 19세 미만인 사람을 입소시켜 치료와 선도를 통하여 건전한 사회인으로 육성하는 것을 목적으로 하는 시설 및 정서적 · 행동적 장애로 인하여 어려움을 겪고 있는 아동 또는 학대로 인하여 부모로부터 일시 격리되어 치료받을 필요가 있는 아동을 보호 · 치료하는 시설), ④ 공동생활가정(보호대상아동에게 가정과 같은 주거여건과 보호, 양육, 자립지원 서비스를 제공하는 것을 목적으로 하는 시설), ⑤ 자립지원시설(아동복지시설에서 퇴소한 사람에게 취업준비기간 또는 취업 후 일정 기간 동안 보호함으로써 자립을 지원하는 것을 목적으로 하는 시설), ⑥ 아동상담소(아동과 그 가족의 문제에 관한 상담, 치료, 예방 및 연구 등을 목적으로 하는 시설), ⑦ 아동전용시설(어린이공원, 어린이놀이터, 아동회관, 체육 · 연극 · 영화 · 과학실험전시 시설, 아동휴게숙박시설, 야영장 등 아동에게 건전한 놀이 · 오락, 그 밖의 각종 편의를 제공하여 심신의 건강유지와 복지증진에 필요한 서비스를 제공하는 것을 목적으로 하는 시설), ⑧ 지역아동센터(지역사회 아동의 보호 · 교육, 건전한 놀이와 오락의 제공, 보호자와 지역사회의 연계 등 아동의 건전육성을 위하여 종합적인 아동복지서비스를 제공하는 시설)로 구분된다(아동복지법 제52조 제1항).

70 장애인복지법의 규율을 받는 장애인복지시설은 ① 장애인 거주시설(거주공간을 활용하여 일반가정에서 생활하기 어려운 장애인에게 일정 기간 동안 거주 · 요양 · 지원 등의 서비스를 제공하는 동시에 지역사회생활을 지원하는 시설), ② 장애인 지역사회재활시설(장애인을 전문적으로 상담 · 치료 · 훈련하거나 장애인의 일상생활, 여가활동 및 사회참여활동 등을 지원하는 시설), ③ 장애인 직업재활시설(일반 작업환경에서는 일하기 어려운 장애인이 특별히 준비된 작업환경에서 직업훈련을 받거나 직업 생활을 할 수 있도록 하는 시설), ④ 장애인 의료재활시설(장애인을 입원 또는 통원하게 하여 상담, 진단 · 판정, 치료 등 의료재활서비스를 제공하는 시설), ⑤ 그 밖에 대통령령으로 정하는 시설로 구분된다(동법 제58조 제1항). 대통령령인 장애인복지법 시행령에서 장애인복지시설로 인정하는 시설로는 장애인 생산품판매시설이 있다(동시행령 제36조).

71 정신보건법은 "정신보건시설"을 ① 정신의료기관, ② 정신질환자사회복귀시설, ③ 정신요양시설로 구분하면서 "정신의료기관"은 의료법에 의한 의료기관 중 주로 정신질환자의 진료를 행할 목적으로 이 법률의 시설기준 등에 적합하게 설치된 병원(정신병원)과 의원 및 병원급 이상의 의료기관에 설치된 정신건강의학과로, "정신질환자사회복귀시설"은 이 법률에 의하여 설치된 시설로서 정신질환자를 정신의료기관에 입원시키거나 정신요양시설에 입소시키지 아니하고 사회복귀촉진을 위한 훈련을 행하는 시설로, "정신요양시설"은 이 법률에 의하여 설치된 시설로서 정신의료기관에서 의뢰된 정신질환자와 만성정신질환자를 입소시켜 요양과 사회복귀촉진을 위한 훈련을 행하는 시설로 정의한다(동법 제3조).

72 노숙인의 인간다운 생활을 보장하기 위하여 제정된 노숙인 등의 복지 및 자립지원에 관한 법률에 따르면 노숙인복지시설은 ① 노숙인일시보호시설(노숙인 등에게 일시보호 및 복지서비스 연계 등을 제공하는 시설), ② 노숙인자활시설(노숙인 등의 자립을 지원하기 위하여 전문적인 직업상담

- 노인복지시설[73]: 「노인복지법」에 따른 ① 양로시설, ② 노인공동생활가정, ③ 노인요양시설, ④ 노인요양공동생활가정

· 훈련 등의 복지서비스를 제공하는 시설), ③ 노숙인재활시설(신체 및 정신장애 등으로 자립이 어려운 노숙인 등에게 치료 및 재활서비스를 제공하는 시설), ④ 노숙인요양시설(건강상의 문제 등으로 단기간 내 가정 및 사회복귀가 어려운 노숙인 등에게 요양서비스를 제공하는 시설), ⑤ 노숙인급식시설(노숙인 등에게 필요한 급식서비스를 제공하는 시설), ⑥ 노숙인진료시설(노숙인 등에게 필요한 의료서비스를 제공하는 시설), ⑦ 그 밖에 보건복지부령으로 정하는 시설로 구분된다(동법 제16조 제1항). 보건복지부령인 같은 법 시행규칙에서 노숙인복지시설로 분류하는 시설로는 '쪽방상담소'가 있다(동시행규칙 제9조 제1항).

73 노인복지법은 노인복지시설을 ① 노인주거복지시설, ② 노인의료복지시설, ③ 노인여가복지시설, ④ 재가노인복지시설, ⑤ 노인보호전문기관, ⑥ 노인일자리지원기관으로 구분한다(동법 제31조). 우선 노인주거시설로는 ① 양로시설(노인을 입소시켜 급식과 그 밖에 일상생활에 필요한 편의를 제공함을 목적으로 하는 시설), ② 노인공동생활가정(노인들에게 가정과 같은 주거여건과 급식, 그 밖에 일상생활에 필요한 편의를 제공함을 목적으로 하는 시설), ③ 노인복지주택(노인에게 주거시설을 분양 또는 임대하여 주거의 편의 · 생활지도 · 상담 및 안전관리 등 일상생활에 필요한 편의를 제공함을 목적으로 하는 시설)이 있다(동법 제32조 제1항). 다음으로 노인의료복지시설로는 ① 노인요양시설(치매 · 중풍 등 노인성질환 등으로 심신에 상당한 장애가 발생하여 도움을 필요로 하는 노인을 입소시켜 급식 · 요양과 그 밖에 일상생활에 필요한 편의를 제공함을 목적으로 하는 시설), ② 노인요양공동생활가정(치매 · 중풍 등 노인성질환 등으로 심신에 상당한 장애가 발생하여 도움을 필요로 하는 노인에게 가정과 같은 주거여건과 급식 · 요양, 그 밖에 일상생활에 필요한 편의를 제공함을 목적으로 하는 시설)이 있다. 그리고 노인여가복지시설로는 ① 노인복지관(노인의 교양 · 취미생활 및 사회참여활동 등에 대한 각종 정보와 서비스를 제공하고, 건강증진 및 질병예방과 소득보장 · 재가복지, 그 밖에 노인의 복지증진에 필요한 서비스를 제공함을 목적으로 하는 시설), ② 경로당(지역노인들이 자율적으로 친목도모 · 취미활동 · 공동작업장 운영 및 각종 정보교환과 기타 여가활동을 할 수 있도록 하는 장소를 제공함을 목적으로 하는 시설), ③ 노인교실(노인들에 대하여 사회활동 참여욕구를 충족시키기 위하여 건전한 취미생활 · 노인건강유지 · 소득보장 기타 일상생활과 관련한 학습프로그램을 제공함을 목적으로 하는 시설)이 있다(동법 제36조 제1항). 한편 재가노인복지시설은 ① 방문요양서비스(가정에서 일상생활을 영위하고 있는 노인으로서 신체적 · 정신적 장애로 어려움을 겪고 있는 노인에게 필요한 각종 편의를 제공하여 지역사회 안에서 건전하고 안정된 노후를 영위하도록 하는 서비스), ② 주 · 야간보호서비스(부득이한 사유로 가족의 보호를 받을 수 없는 심신이 허약한 노인과 장애노인을 주간 또는 야간 동안 보호시설에 입소시켜 필요한 각종 편의를 제공하여 이들의 생활안정과 심신기능의 유지 · 향상을 도모하고, 그 가족의 신체적 · 정신적 부담을 덜어주기 위한 서비스), ③ 단기보호서비스(부득이한 사유로 가족의 보호를 받을 수 없어 일시적으로 보호가 필요한 심신이 허약한 노인과 장애노인을 보호시설에 단기간 입소시켜 보호함으로써 노인 및 노인가정의 복지증진을 도모하기 위한 서비스), ④ 방문 목욕서비스(목욕장비를 갖추고 재가노인을 방문하여 목욕을 제공하는 서비스) 등과 같은 서비스를 제공하는 시설이 있다(동법 제38조 제1항). 그 밖에도 노인보호전문기관은 노인학대를 예방하고 처리하는 기관이고, 노인일자리지원기관은 노인의 능력과 적성에 맞는 일자리지원사업을 전문적 · 체계적으로 수행하기 위한 '노인일자리전담기관' 가운데 지역사회 등에서 노인일자리의 개발 · 지원, 창업 · 육성 및 노인

- 성매매피해자 등 지원시설[74]: 「성매매방지 및 피해자보호 등에 관한 법률」에 따른 ① 일반 지원시설, ② 청소년 지원시설, ③ 외국인여성 지원시설
- 갱생보호시설[75]: 「보호관찰 등에 관한 법률」에 따른 갱생보호사업의 허가를 받은 자가 갱생보호사업을 위하여 설치한 시설(수용시설을 갖추고 있는 것만 해당)
- 한부모가족복지시설[76]: 「한부모가족지원법」에 따른 ① 모자가족복지시설, ② 부자가족복지시설, ③ 미혼모자가족복지시설 중 기본생활지원을 제공하는 시설, ④ 일시지원복지시설

에 의한 재화의 생산 · 판매 등을 직접 담당하는 기관을 말한다(동법 제23조의2 제1항). 결국 다수인 보호시설로 문제가 되는 노인복지시설은 노인주거시설에 속하는 양로시설과 노인공동생활가정 및 노인의료복지시설에 속하는 노인요양시설과 노인요양공동생활가정이다.

74 성매매피해자 등 지원시설은 ① 일반 지원시설(성매매피해자 등을 대상으로 1년 이내의 범위에서 숙식을 제공하고 자립을 지원하는 시설), ② 청소년 지원시설(청소년인 성매매피해자 등을 대상으로 1년 이내의 범위에서 숙식을 제공하고, 취학 · 교육 등을 통하여 자립을 지원하는 시설), ③ 외국인여성 지원시설(외국인여성인 성매매피해자 등을 대상으로 3개월(「성매매알선 등 행위의 처벌에 관한 법률」 제11조에 해당하는 외국인여성에 대하여는 그 해당 기간) 이내의 범위에서 숙식을 제공하고, 귀국을 지원하는 시설), ④ 자활지원센터(성매매피해자 등을 대상으로 자활에 필요한 지원을 제공하는 이용시설)로 구분된다(성매매방지 및 피해자보호 등에 관한 법률 제5조 제1항).

75 보호관찰 등에 관한 법률에 따르면 범죄자에 대한 '갱생보호'의 방법으로는 ① 숙식 제공, ② 주거 지원, ③ 창업 지원, ④ 직업훈련 및 취업 지원, ⑤ 출소예정자 사전상담, ⑥ 갱생보호 대상자의 가족에 대한 지원, ⑦ 심리상담 및 심리치료, ⑧ 사후관리, ⑨ 그 밖에 갱생보호 대상자에 대한 자립 지원을 들고 있다(동법 제65조 제1항). 이러한 갱생보호에 관한 사업을 하려면 법무부장관의 허가를 받아야 한다(동법 제67조 제1항).

76 한부모가족은 모(母) 또는 부(父)가 세대주인 모자가족이나 부자가족을 의미하고, 여기서 모나 부는 ① 배우자와 사별 또는 이혼하거나 배우자로부터 유기(遺棄)된 자, ② 정신이나 신체의 장애로 장기간 노동능력을 상실한 배우자를 가진 자, ③ 교정시설 · 치료감호시설에 입소한 배우자 또는 병역복무 중인 배우자를 가진 사람, ④ 미혼자(사실혼 관계에 있는 자는 제외), ⑤ 이에 준하는 자로서 여성가족부령으로 정하는 자(배우자의 생사가 분명하지 아니한 자, 배우자 또는 배우자 가족과의 불화 등으로 인하여 가출한 자: 한부모가족지원법 시행규칙 제2조) 중 하나에 해당하면서 아동인 자녀를 양육하는 자를 뜻한다(한부모가족지원법 제4조 제1호). 이러한 한부모가족을 위한 복지시설은 ① 모자가족복지시설[모자가족에게 기본생활지원(생계가 어려운 모자가족에게 일정 기간 동안 주거와 생계를 지원), 공동생활지원(독립적인 생활이 어려운 모자가족에게 일정 기간 동안 공동생활을 통하여 자립을 준비할 수 있도록 주거 등을 지원), 자립생활지원(자립욕구가 강한 모자가족에게 일정 기간 동안 주거를 지원) 중 하나 이상의 편의를 제공하는 시설], ② 부자가족복지시설[부자가족에게 기본생활지원(생계가 어려운 부자가족에게 일정 기간 동안 주거와 생계를 지원), 공동생활지원(독립적인 생활이 어려운 부자가족에게 일정 기간 동안 공동생활을 통하여 자립을 준비할 수 있도록 주거 등을 지원), 자립생활지원(자립욕구가 강한 부자가족에게 일정 기간 동안 주

그 밖에도 출입국관리법에 따라 '강제퇴거 대상자'[77]로 의심할 만한 상당한 이유가 있고 도주하거나 도주할 염려가 있으면 "외국인보호시설"에 보호할 수 있다(동법 제51조 제1항). 외국인보호시설에는 외국인보호실과 외국인보호소 및 법무부장관이 지정하는 장소가 포함되는데 보호된 외국인이 강제퇴거 대상자인지 여부를 심사하여 결정하는 기간은 원칙적으로 10일 이내로 제한되지만 부득이한 사유가 있는 경우에 10일을 초과하지 않는 범위에서 연장될 수 있다(동법 제52조). 보호기간이 횟수의 제한 없이 무제한적으로 연장될 수 있는 점은 문제라고 볼 수 있다. 또한 입국심사에서 입국이 허가되지 않은 외국인이나 조건부 입국허가를 받은 외국인으로서 도주하거나 도주할 염려

거를 지원) 중 하나 이상의 편의를 제공하는 시설], ③ 미혼모자가족복지시설[미혼모자가족과 출산 미혼모 등에게 기본생활지원(미혼 여성의 임신 · 출산 시 안전 분만 및 심신의 건강 회복과 출산 후의 아동의 양육 지원을 위하여 일정 기간 동안 주거와 생계를 지원), 공동생활지원(출산 후 해당 아동을 양육하지 아니하는 미혼모 또는 미혼모와 그 출산 아동으로 구성된 미혼모자가족에게 일정 기간 동안 공동생활을 통하여 자립을 준비할 수 있도록 주거 등을 지원) 중 하나 이상의 편의를 제공하는 시설], ④ 일시지원복지시설(사실혼 관계에 있는 사람을 포함하여 배우자가 있으나 배우자의 물리적 · 정신적 학대로 아동의 건전한 양육이나 모의 건강에 지장을 초래할 우려가 있을 경우 일시적 또는 일정 기간 동안 모와 아동 또는 모에게 주거와 생계를 지원하는 시설), ⑤ 한부모가족복지상담소(한부모가족에 대한 위기 · 자립 상담 또는 문제해결 지원 등을 목적으로 하는 시설)로 구분된다(동법 제19조 제1항).

77 출입국관리법에 따른 강제퇴거 대상자는 ① 제7조(여권과 사증의 소지의무)를 위반한 사람, ② 제7조의2를 위반한 외국인 또는 같은 조에 규정된 허위초청 등의 행위로 입국한 외국인, ③ 제11조 제1항 각 호의 어느 하나에 해당하는 입국금지 사유가 입국 후에 발견되거나 발생한 사람, ④ 제12조 제1 · 2항(입국심사 의무) 또는 제12조의3(불법출입국을 위한 선박 등 제공 금지)을 위반한 사람, ⑤ 제13조 제2항에 따라 지방출입국 · 외국인관서의 장이 붙인 허가조건을 위반한 사람, ⑥ 제14조 제1항, 제14조의2 제1항, 제15조 제1항, 제16조 제1항 또는 제16조의2 제1항에 따른 허가를 받지 아니하고 상륙한 사람, ⑦ 제14조 제3항(제14조의2 제3항에 따라 준용되는 경우를 포함한다), 제15조 제2항, 제16조 제2항 또는 제16조의2 제2항에 따라 지방출입국 · 외국인관서의 장 또는 출입국관리공무원이 붙인 허가조건을 위반한 사람, ⑧ 제17조 제1 · 2항, 제18조, 제20조, 제23조, 제24조 또는 제25조(체류의 자격과 기간 및 활동범위)를 위반한 사람, ⑨ 제21조 제1항 본문을 위반하여 허가를 받지 아니하고 근무처를 변경 · 추가하거나 같은 조 제2항을 위반하여 외국인을 고용 · 알선한 사람, ⑩ 제22조에 따라 법무부장관이 정한 거소 또는 활동범위의 제한이나 그 밖의 준수사항을 위반한 사람, ⑪ 제28조 제1항 및 제2항을 위반하여 출국하려고 한 사람, ⑫ 제31조에 따른 외국인등록 의무를 위반한 사람, ⑬ 금고 이상의 형을 선고받고 석방된 사람, ⑭ 그 밖에 제1호부터 제13호까지의 규정에 준하는 사람으로서 법무부령으로 정하는 사람이다(동법 제46조 제1항).

가 있다고 인정할 만한 상당한 이유가 있는 사람 또는 출국명령을 받은 외국인으로서 도주하거나 도주할 염려가 있다고 인정할 만한 상당한 이유가 있는 사람은 48시간을 초과하지 않는 범위에서 외국인보호실에 일시보호할 수 있다(동법 제56조 제1항).

한편 가정폭력방지 및 피해자보호 등에 관한 법률에 따른 가정폭력피해자 보호시설(동법 제7조 제1항),[78] 범죄피해자 보호법에 따른 범죄피해자 보호시설(동법 제7조 제2항), 성폭력방지 및 피해자보호 등에 관한 법률에 따른 성폭력피해자 보호시설(동법 제12조 제1항),[79] 아동 · 청소년의 성보호에 관한 법률에 따른 보호시설,[80] 일제하 일본군위안부 피해자에 대한 생활안정지원 및 기념사업 등에 관한 법률에 따른 일본군위안부 피해자 보호시설[81]도 집단수용시설에 포함될 수 있다.

이와 같은 집단수용시설들의 설치목적은 세부적으로 보면 다양하지만 간단하게 종합하면 '수용자에 대한 보호(보살핌, care)와 지원(도움, support)'에

78 가정폭력피해자 보호시설은 ① 단기보호시설(피해자 등을 6개월의 범위에서 보호하는 시설), ② 장기보호시설(피해자 등에 대하여 2년의 범위에서 자립을 위한 주거편의 등을 제공하는 시설), ③ 외국인보호시설(배우자가 대한민국 국민인 외국인 피해자 등을 2년의 범위에서 보호하는 시설), ④ 장애인보호시설(「장애인복지법」의 적용을 받는 장애인인 피해자 등을 2년의 범위에서 보호하는 시설)로 구분된다(가정폭력방지 및 피해자보호 등에 관한 법률 제7조의2 제1항).

79 성폭력피해자 보호시설은 ① 일반보호시설(피해자에게 제13조 제1항 각 호의 사항을 제공하는 시설), ② 장애인보호시설(「장애인차별금지 및 권리구제 등에 관한 법률」 제2조 제2항에 따른 장애인인 피해자에게 제13조 제1항 각 호의 사항을 제공하는 시설), ③ 특별지원 보호시설(「성폭력범죄의 처벌 등에 관한 특례법」 제5조에 따른 피해자로서 19세 미만의 피해자에게 제13조 제1항 각 호의 사항을 제공하는 시설), ④ 자립지원 공동생활시설(제1호부터 제3호까지의 보호시설을 퇴소한 사람에게 제13조 제1항 제3호 및 그 밖에 필요한 사항을 제공하는 시설), ⑤ 장애인 자립지원 공동생활시설(제2호의 보호시설을 퇴소한 사람에게 제13조 제1항 제3호 및 그 밖에 필요한 사항을 제공하는 시설)로 구분된다(성폭력방지 및 피해자보호 등에 관한 법률 제12조 제3항).

80 아동 · 청소년의 성보호에 관한 법률에 따른 보호시설로는 「성매매방지 및 피해자보호 등에 관한 법률」의 청소년 지원시설, 「청소년복지 지원법」에 따른 청소년상담복지센터 및 청소년쉼터 또는 「청소년 보호법」의 청소년 보호 · 재활센터가 있다(동법 제45조).

81 국가나 지방자치단체, 「사회복지사업법」에 따른 사회복지법인과 그 밖의 비영리법인은 일본군위안부 피해자 보호시설을 설치 · 운영할 수 있다(일제하 일본군위안부 피해자에 대한 생활안정지원 및 기념사업 등에 관한 법률 제5조의2 제1항).

있다. 예컨대 노숙인복지시설에 수용된 수용자에 대해서는 그러한 복지지설에 의한 보호뿐만 아니라 주거지원, 급식지원, 의료지원, 고용지원이 제공된다(노숙인 등의 복지 및 자립지원에 관한 법률 제10조에서 제13조). 따라서 수용자를 사회로부터 격리하여 '수용자에 대한 관리와 통제'를 목적으로 하는 교정시설(교도소)[82]과는 근본적으로 차이가 있다. 그렇지만 교정시설과 마찬가지로 수용자에 대한 보호와 지원을 목적으로 하는 집단수용시설에서도 어쨌든 감시가 이루어진다는 점에서 양자는 차이가 없다. 물론 관리와 통제의 목적으로 관찰이나 정보수집이 행해지는 경우에만 감시라고 부를 수 있다면 보호와 지원의 목적으로 행해지는 관찰이나 정보수집은 감시가 아니라고 볼 수도 있다. 반면에 관점에 따라서는 수용자에 대한 효과적인 감시를 위하여 '보호와 지원'이라는 이름으로 집단수용시설에 수용하였다고 볼 수도 있다. 아무튼 어떤 목적으로 다수인이 수용되었다고 하더라도 다수인이 수용된 시설에서는 질서와 안전을 확보하기 위하여 관리와 통제가 불가피하다는 점은 분명하다. 이에 따라 보호와 지원의 목적으로 설치된 집단수용시설에서도 관리와 통제를 위한 감시가 이루어질 수밖에 없다.

II. 집단수용시설감시의 유형과 목적

1. 감시의 유형

집단수용시설에서의 감시는 정신요양시설에서 흔히 볼 수 있듯이 전통적으로 수용시설에 구분된 공간(방)마다 복도로 연결된 벽이나 문에 창문을 설치

82 교정시설은 수형자가 수용되는 '교도소'와 미결수용자가 수용되는 '구치소'로 구분된다(형의 집행 및 수용자의 처우에 관한 법률 제11조 제1항). 여기서 수형자는 "징역형 · 금고형 또는 구류형의 선고를 받아 그 형이 확정된 사람과 벌금 또는 과료를 완납하지 아니하여 노역장 유치명령을 받은 사람"을 뜻하고, 미결수용자는 "형사피의자 또는 형사피고인으로서 체포되거나 구속영장의 집행을 받은 사람"을 의미한다(동법 제2조 제1호 및 제2호).

하여 내부를 들여다 볼 수 있도록 함으로써 이루어진다. 쌍방향에서 서로 볼 수 있는 유리의 형태가 아니라 한 방향에서만 볼 수 있는 거울의 형태로 창문이 설치될 수도 있다. 집단수용시설에서의 감시는 수용자에 대한 보호와 지원의 목적이 우선하는 경우도 있지만 아동이나 노인 또는 장애인을 보호하는 시설의 경우처럼 수용자에 대한 시설종사자의 가혹행위를 예방하기 위한 목적에서 사용되기도 한다. 물론 이처럼 시설종사자가 수용자를 대상으로 가하는 가혹행위를 예방하는 것도 수용자에 대한 보호와 지원의 목적에 포함된다면 집단수용시설에서 행해지는 모든 감시는 수용자에 대한 보호와 지원이 목적이 된다. 의료기관의 경우에는 수용된 환자에 대한 보호자의 염려를 덜어줄 목적에서 감시가 행해지기도 한다.

〔참조〕 부산 '어린이집 CCTV 의무화' 논란(한겨레신문, 2013년 10월 14일)

부산시가 전국에서 처음으로 어린이집에 폐회로텔레비전(CCTV) 설치비 절반을 지원하기로 하자, 어린이집 교사들이 인권 침해라며 반발하고 있다.

부산시는 14일 "부산지역 전체 어린이집 1877곳 가운데 폐회로텔레비전이 이미 설치된 389곳을 뺀 1488곳을 대상으로 수요조사를 했더니 365곳(24.5%)에서 내년에 폐회로텔레비전 설치비를 지원해 달라고 요청했다"고 밝혔다. 시는 내년에 3억7000여만원을 확보해 이들 365곳에 폐회로텔레비전 설치비의 50%를 지원하는 등 2018년까지 모두 15억여원을 지원할 방침이다. 시가 어린이집의 폐회로텔레비전 설치비 절반을 지원하는 것은 부산시의회가 보육조례 개정안을 의결한 데 따른 것이다. 시의회는 지난 5월 부산 수영구 공립 어린이집의 전 보육교사가 태어난 지 17개월 된 아이를 때리고 학대한 혐의(아동복지법 위반)로 구속되자 지역의 모든 어린이집에 폐회로텔레비전을 설치해야 한다며 보육조례 개정안을 발의해, 지난달 10일 의결했다.

어린이집 폐회로텔레비전 설치에 대한 여론은 엇갈린다. 전봉민 부산시의원이 지난 8월 동남리서치에 맡겨 일반 시민 300명, 어린이집 학부모 200명, 어린이집 원장과 교사 각 100명 등 700명을 대상으로 설문조사를 벌였더니 학부모와 일반 시민의 89%가량은 어린이집 폐회로텔레비전 설치에 찬성했다. 아동 학대와 폭력이 줄어들 것이라는 기대 때문이었다. 반면, 어린이집 교사 80%와 어린이집 원장 65%는 반대했다. 이들은 교사들의 노동을 감시하는 것은 물론 휴식시간 등 사적인 시간과 공간까지 일상적으로 감시하게 될 것으로 우려했다. 또 어린이집 교사들은 용변을 가리지 못하는 아이들의 모습과 교사들의 사적인 행동 등이 외부에 유출될 수도 있다는 점 등 2차 피해를 우려했다.

어린이집 교사들이 처우개선 등을 위해 개별적으로 가입해 활동하고 있는 공공운수노조 부산 보육협의회 관계자는 "어린이집 폐회로텔레비전이 설치된다고 해서 아동 학대와 폭력이 줄어든다고 생각하지는 않는다. 교사들이 진정으로 아이들을 돌보려면 열악한 근무환경이 먼저 개선돼야 한다"고 말했다. 시 여성가족정책관실 관계자는 "휴가 등을 떠나는 정규직 어린이집 교사들을 대신하는 시간제 대체교사 100여명의 고용을 추진하겠다"고 말했다.

2. 감시의 목적

노숙인이나 정신질환자를 수용하는 집단수용시설의 경우에는 수용 자체가 감시가 될 수도 있다. 노숙인이나 정신질환자에 대하여 사회적 위험을 야기할 수 있는 존재라는 인식을 가지면서 마치 범죄자를 수용하는 교정시설과 같이 사회에 대한 위해를 방지하기 위한 차원에서 격리시켜 관리하고 통제한다고 볼 수도 있고, 수용후보자(지원자)가 수용대상인지 여부를 결정하는 과정에서 수용자에 관한 다양한 정보가 수집될 수 있기 때문이다. 특히 집단수용시설에 대한 수용 여부가 본인의 의사와 상관없이 강제로 결정되는 경우에는 보호와 지원의 목적보다는 관리와 통제의 목적이 강화되어 수용 자체가 감시로 여겨질 수 있다. 따라서 본인의 의사와 상관없이 집단수용시설에 대한 수용이 결정되는 '강제수용'의 경우에는 그 요건과 절차 및 기간이 법적으로 엄격하게 제한되어야 한다. 무엇보다도 문제가 되는 것은 정신보건법에 따라 본인의 의사와 상관없이 보호의무자의 동의만으로 가능한 '강제입원'이다.[83] 한편 본인의 동의가 있어야만 집단수용시설에 대한 수용이 결정되는

83 정신보건법에 따르면 정신의료기관 등의 장은 정신질환자의 보호의무자 2인의 동의(보호의무자가 1인인 경우에는 1인의 동의)가 있고, 정신건강의학과전문의가 입원 등이 필요하다고 판단한 경우에는 당해 정신질환자를 정신의료기관 등에 강제로 입원 등을 시킬 수 있다(동법 제24조 제1항). 한편 정신질환으로 자신 또는 타인을 해할 위험이 있다고 의심되는 자를 발견한 정신건강의학과전문의 또는 정신보건전문요원은 시장 · 군수 · 구청장에게 당해인의 진단 및 보호를 신청할 수 있고, 정신건강의학과전문의가 정신질환자로 의심되는 자에 대하여 자신 또는 타인을 해할 위험이 있어 그 증상의 정확한 진단이 필요하다고 인정하면 시장 · 군수 · 구청장은 당해인을 국가나 지방자치단체가 설치 또는 운영하는 정신의료기관 또는 종합병원에 2주 이내의 기간을 정하여 입원하게 할 수 있다(동법 제25조 제1항 및 제3항). 또한 정신질환자로 추정되는 자로서 자신 또는 타인을 해할

경우에는 보호와 지원의 목적이 부각되어 수용 자체가 감시를 의미하지는 않는 것으로 볼 수도 있지만 관리와 통제의 목적이 있는 경우에만 감시가 아니라 보호와 지원의 목적이 있는 경우에도 감시가 될 수 있다. 이처럼 관리와 통제가 우선적 목적인 경우에는 수용 자체가 감시를 의미하는 것이 분명할 수 있지만 보호와 지원이 우선적 목적인 경우에도 수용 자체가 감시일 수 있고, 특히 다수인이 수용된 시설의 질서와 안전을 유지하기 위하여 감시가 이루어질 수 있다는 점에서 보호와 지원의 목적을 가진 수용도 그 자체로 감시일 수 있다.

[참조] CCTV, 쇠창살 없는 정신병원 가보니(에이블뉴스, 2013년 12월 30일)

정신보건법의 강제입원 조항에 대한 인권침해 문제제기가 끊이지 않고 있다. … 중략 … 이 같은 상황에서 정신장애로 입원한 환자들의 인권을 존중, 모범적으로 운영되고 있는 정신요양병원이 있어 주목된다. … 중략 … 환자들의 인권을 침해하지 않기 위해 단 한 대의 감시카메라도 설치하지 않았다. 감시 장비가 없기 때문에 안전한 장비들을 고안, 사각지대의 위험요소들을 제거해 나갔고, 더 많은 직원을 고용해 수익 창출보다는 환자의 인권을 우선으로 생각했다. 지난 2006년 리모델링을 통해서는 출입문을 투명한 강화유리로 설치해 병동 내부와 외부의 경계를 최소화했다. 환자들이 감금된 느낌을 받지 않을 뿐만 아니라 답답함을 최소화시켜 치료 공간에 있음을 인지, 빨리 병동 생활에 적응하는 효과를 보이고 있다. … 중략 …

현재 이곳은 보호실, 안정실, 반개방형, 완전개방형 병동이 운영되고 있다. 간호사실에서 병동으로 나가는 출입문은 잠금장치를 사용, 병원 이탈을 방지하고 있으나 간호사실의 아크릴 제거로 의사소통이 자유로워져 수시로 간호사실에 와서 요구사항을 이야기 할 수 있으며, 치료진은 즉시 환자 요구에 응하며 이야기 들어 줄 수 있어 환자의 공격성이 감소되고 안정을 찾는 데 도움을 주고 있다. 보호실 병동의 경우에는 자기능력이 부족한 환자에게 외부자극을 줄여 주어 심리적 안정을 도모하거나 집중관찰과 집중간호가 필요한 경우에 사용되므로 간호사실 내에 있다. 환자들이 감금됐다고 느끼지 않는 등 자존심을 높여 주기 위해 청결을 유지하는 것은 물론 보호실 전면은 쇠창살보다 안전하고, 의사소통에 문제가 없는 나무기둥으로 되어 있다. 또한 침대는 낙상을 우려, 최소한으로 낮춰 설

위험이 큰 자를 발견한 자는 그 상황이 매우 급박한 경우에는 의사와 경찰관의 동의를 얻어 정신의료기관에 당해인에 대한 응급입원을 의뢰할 수 있고, 정신의료기관의 장은 입원이 의뢰된 자에 대하여 72시간의 범위 내에서 응급입원을 시킬 수 있다(동법 제26조 제1항 및 제3항).

치했다. 보호실 병동을 제외한 3곳의 병동의 창문은 모두 강화유리에 필름이 씌워져 있어 창살 없는 안전한 창문으로 자외선 차단도 된다. 더욱이 창문을 통한 무단이탈 및 낙상사고를 예방하기 위해 창문이 15cm만 열리도록 고정돼 있다. 특히 내부는 편안하고 안정감을 주는 목재침대와 개인사물함이 있을 뿐만 아니라 각 병동 마다 온돌방도 마련해 환자의 요구나 상태에 따른 병실 선택이 가능하도록 했다. 여기에 각 병동에 마련된 3곳씩의 면담실에서는 개인 프라이버시를 존중하며 상담이 이뤄지고, 가족면담도 진행한다. 휴게실은 텔레비전, 오디오, 탁구대, 실내 운동기구, 바둑판 등을 갖추고 있어 여가 생활이 가능하다.

화장실의 경우에는 개인의 프라이버시를 유지하고 사고가능성을 관찰하도록 문 하단을 20cm 정도 높게 하여 화장실 사용 여부는 알 수 있지만 누구인지 알 수 없도록 했다. 또한 화장실 안에 환자가 있을 때 병동 복도 입구에 파란불이 들어오게 하여 간호사의 주의를 용이하게 했는데, 환자의 화장실 출입이 드나들면서 사고위험성이 높아지는 야간이나 새벽시간의 관찰에 효과적이다. 프라이버시가 더욱 지켜져야 하는 장소지만 사고가능성 또한 높은 공간이기도 한 욕실의 경우 샤워기를 천정에 부착하고, 줄을 짧게 해서 사고의 위험성을 없앴다. 이와 함께 두꺼운 거울을 설치, 샤워하면서 답답함이 없을 뿐만 아니라 샤워실 문을 잠글 수 없도록 하는 대신 커튼을 설치해서 샤워하는 모습이 노출되지 않도록 했다. 특히 화장실과 마찬가지로 욕실 사용 시에도 CCTV 대신 복도에 파란불이 들어오게 해서 간호사가 자해 위험 환자에 대한 주의를 할 수 있도록 했다. … 중략 …

병원 관계자는 "정신장애는 마음의 병이므로 의학적 치료만이 아니라 사람과 사람 사이의 존중하는 마음이 중요하다"면서 "환자를 강제로 제압하고 약물주입을 하는 것은 근무하는 직원들이 편하게 근무하기 위한 것으로, 환자들의 인권을 무시하는 것"이라고 지적했다. 이어 "직원들이 힘들고 고생이 되더라도 인권적으로 대할 수 있는 병원을 위해 최선을 노력을 다하고 있다"면서 "많은 곳에서 병원 견학을 오고 있다"고 덧붙였다.

III. 집단수용시설감시의 한계

1. 목적에 따른 한계

집단수용시설의 경우에 설치목적이 수용자에 대한 보호와 지원이므로 이러한 목적을 실현하는 데 비례적인 수단만이 허용될 수 있다. 집단수용시설은 교정시설과 달리 수용자에 대한 보호와 지원이 우선적 목적이므로 교정시설이 실현하려고 하는 목적인 수용자에 대한 관리와 통제를 위해서 설치될 수는 없다. 하지만 집단수용시설의 경우에도 다수인이 수용되어 있어 시설의 질서와 안전을 위하여 불가피하게 관리와 통제가 필요하다. 따라서 집단수용시설에서도 질서와 안전을 유지하기 위하여 관리와 통제는 불가피하고, 이러한 목적을 위하여 감시가 수행될 수밖에 없다. 다만 목적에서 관리와 통제가 우선인 감시와 달리 보호와 지원이 우선인 감시에서는, 질서와 안전을 유지하기 위하여 관리와 통제를 목적으로 하는 감시가 부수적으로 수행된다는 점에서 차이가 있다.[84]

2. 방법에 따른 한계

집단수용시설에서 수행되는 감시도 수용자의 기본권을 최소한도로 침해하는 방법으로만 행하여져야 한다. 감시의 시간과 범위가 상대적으로 확장된 폐쇄회로 텔레비전(CCTV)보다는 감시의 시간과 범위가 한정된 창문감시의 방법이 우선적으로 사용될 필요가 있고, 불가피하게 CCTV를 통한 감시가 필요하다면 설치장소를 국한할 뿐만 아니라 감시시간도 축소할 필요가 있다. 이와 관련하여 현행 개인정보 보호법에 따르면 "불특정 다수가 이용하는 목욕실, 화장실, 발한실(發汗室), 탈의실 등 개인의 사생활을 현저히 침해할 우려가 있는 장소의 내부를 볼 수 있도록" 하는 CCTV의 설치와 운영을 금지하고 있다(동법 제25조 제2항). 그렇지만 "교도소, 정신보건시설 등 법령에 근거하여 사람을 구금하거나 보호하는 시설"[85]에서는 이와 같이 개인의 사생활을 현저히 침해할 우려가 있는, 장소의 내부를 볼 수 있는 CCTV의 설치와 운영이 가능하도록 예외로 규정하고 있다. 그러나 이처럼 정신보건시설의 경우

84 관리와 통제를 우선적 목적으로 하는 교정시설의 경우에도 관리와 통제뿐만 아니라 보호와 지원이 이루어질 수 있는데 보호와 지원을 우선적 목적으로 하는 집단수용시설과 달리 보호와 지원이 부수적으로 수행된다는 점에서 차이가 있다.

85 개인정보 보호법 시행령에 따르면 개인의 사생활을 현저히 침해할 우려가 있는 장소의 내부를 볼 수 있도록 하는 영상정보처리기기를 설치·운영할 수 있는 기관으로 교정시설과 정신의료기관(수용시설을 갖추고 있는 것만 해당), 정신질환자사회복귀시설 및 정신요양시설을 명시하고 있다(동시행령 제22조 제1항).

에도 목욕실, 화장실, 탈의실과 같이 개인의 사생활이 현저하게 침해될 우려가 큰 장소의 내부를 볼 수 있도록 하는 CCTV의 설치가 정당화될 수 있는지는 의문이 든다.

3. 시설종사자의 인권을 고려한 한계

집단수용시설에 수용된 사람들을 보호하기 위한 감시는 그러한 시설에서 종사하는 사람들에 대한 감시를 의미할 수도 있다. 대표적으로 어린이집에 수용된 아동을 보호하기 위한 감시는 어린이집 교사에 대한 감시를 의미한다. 따라서 집단수용시설에 수용된 사람들에 대한 보호를 목적으로 감시가 불가피한 경우에도 시설 종사자의 인권이 침해되지 않도록 고려하는 대안, 특히 시설종사자에 대한 노동감시와 같이 시설수용자를 보호하려는 목적 외의 의도로 감시가 이루어지는 것을 금지하는 대안이 제시될 필요가 있다. 예컨대 시설수용자에 대한 보호가 요구되지 않는 시간과 장소, 특히 시설종사자의 사생활에 대한 보호가 필요한 시간과 장소에 대해서는 감시를 금지하고, 시설수용자에 대한 보호가 필요한 시간과 장소도 최소한으로 제한되어야 한다.

4. 시설수용자를 고려한 한계

집단수용시설에 수용될 수 있는 아동, 장애인, 정신질환자, 노인, 노숙인, 성매매 여성, 전과자, 한부모가족 등은 대표적인 소수자 집단에 속한다. 이러한 집단의 수용은 국가의 사회복지적 과제로 이해되고, 이들을 수용하는 시설은 사회복지시설로 분류된다.[86] 이와 같은 사회복지시설이 제공하는 사회복지

86 사회복지사업법에 따르면 사회복지시설은 사회복지사업을 할 목적으로 설치된 시설을 말하는데, 사회복지사업은 「국민기초생활 보장법」, 「아동복지법」, 「노인복지법」, 「장애인복지법」, 「한부모가족지원법」, 「영유아보육법」, 「성매매방지 및 피해자보호 등에 관한 법률」, 「정신보건법」, 「성폭력방지 및 피해자보호 등에 관한 법률」, 「입양특례법」, 「일제하 일본군위안부 피해자에 대한 생활안정지원 및 기념사업 등에 관한 법률」, 「사회복지공동모금회법」, 「장애인 · 노인 · 임산부 등의 편의증진 보장에 관한 법률」, 「가정폭력방지 및 피해자보호 등에 관한 법률」, 「농어촌주민의 보건복지증진을 위한 특별법」, 「식품기부 활성화에 관한 법률」, 「의료급여법」, 「기초연금법」, 「긴급복지지원법」, 「다

서비스는 수용자에 대한 '시혜'가 아니라 수용자가 인간다운 생활을 하기 위하여 필수적으로 보장되어야 하는 '권리'로 이해될 필요가 있다. 따라서 수용자에 대한 보호와 지원이라는 시혜적 조치를 대가로 하는 이들에 대한 관리와 통제 목적의 감시가 정당화될 수는 없다. 또한 수용자는 대부분 소수자집단에 속한다는 점에서 이들에 대한 관리와 통제 목적의 감시는 차별적 감시가 될 수 있다는 사실도 기억해야 한다. 수용자에 대한 감시는 수용시설의 질서와 안전을 목적으로 하는 경우에만 가능하고, 소수자집단에 속하는 수용자의 행동을 억압하는 차별의 목적으로는 허용될 수 없는 이유가 여기에 있다.

문화가족지원법」, 「장애인연금법」, 「장애인활동 지원에 관한 법률」, 「노숙인 등의 복지 및 자립지원에 관한 법률」, 「보호관찰 등에 관한 법률」, 「장애아동 복지지원법」에 따라 보호 · 선도(善導) 또는 복지에 관한 사업과 사회복지상담, 직업지원, 무료 숙박, 지역사회복지, 의료복지, 재가복지(在家福祉), 사회복지관 운영, 정신질환자 및 한센병력자의 사회복귀에 관한 사업 등 각종 복지사업과 이와 관련된 자원봉사활동 및 복지시설의 운영 또는 지원을 목적으로 하는 사업을 뜻한다(동법 제2조 제1호).

제6장 개인정보감시

I. 개인정보감시의 개념과 유형 및 특성

개인을 식별할 수 있는 다양한 개인정보에 대한 수집행위가 빈번하게 일어나고 있다. 개인정보의 수집은 단순한 정보수집이 아니라 일정한 목적을 가지고 이루어진다는 점에서 감시로 이해될 수 있다. 감시는 본래 관찰하는 행위와 이를 통해 정보를 수집하는 행위가 결합되어야 하는데 개인정보의 수집은 관찰행위 없이 정보수집행위만으로 이루어져 감시로 이해되기 어려운 측면도 있다. 하지만 일정한 목적을 가지고 이루어지는 관찰행위와 정보수집을 감시로 이해하면서, 감시의 주된 측면이 정보수집에 있다고 본다면 비록 관찰의 요소가 빠진다고 하더라도 일정한 목적을 가지고 이루어지는 정보수집만으로도 감시에 해당한다.

개인정보 보호법에 따르면 개인정보는 살아 있는 개인에 관한 정보로서 직접적으로 개인을 알아볼 수 있는 정보뿐만 아니라 다른 정보와 쉽게 결합하여 개인을 알아볼 수 있는 정보까지 포함한다(동법 제2조 제1호).[87] 예를 들어 성명, 주민등록번호,[88] 영상과 같은 정보가 개인정보에 포함된다. 그 밖에도

87 개인정보의 개념에 대한 논의로 문재완, 〈개인정보의 개념에 관한 연구〉, 《공법연구》(한국공법학회), 제42집 제3호(2014), 53면 이하 참조.

지문,[89] 홍채, 유전정보(DNA)와 같은 '생체정보'뿐만 아니라 '의료정보', '금융 · 신용정보'도 개인을 식별할 수 있는 정보라는 점에서 개인정보에 포함될 수 있다. 이러한 개인정보의 수집 자체는 그 자체로도 문제될 수 있지만 정보수집 · 처리 기술의 발달로 대규모의 개인정보가 저장되어 관리될 뿐만 아니라 다양한 형태의 정보가 결합될 수 있게 됨으로써 개인을 관리하고 통제하는 데 활용될 수 있는 문제가 발생하게 되었다.

II. 개인정보감시의 법적 근거

1. 개인정보 보호법

(1) 개인정보의 수집

개인정보의 수집을 규율하는 일반법으로는 개인정보 보호법이 제정되어 있다.[90] 이 법률에 따라 개인정보의 수집이 허용되는 경우는 ① 정보주체의 동의를 받은 경우, ② 법률에 특별한 규정이 있거나 법령상 의무를 준수하기 위하여 불가피한 경우, ③ 공공기관이 법령 등에서 정하는 소관 업무의 수행을 위하여 불가피한 경우, ④ 정보주체와의 계약의 체결 및 이행을 위하여 불가피하게 필요한 경우, ⑤ 정보주체 또는 그 법정대리인이 의사표시를 할 수 없는 상태에 있거나 주소불명 등으로 사전 동의를 받을 수 없는 경우로서 명백히 정보주체 또는 제3자의 급박한 생명, 신체, 재산의 이익을 위하여 필요하다고 인정되는 경우, ⑥ 개인정보처리자의 정당한 이익을 달성하기 위하여 필

---

88 주민등록번호를 포함한 고유식별정보감시에 대해서는 이 책 제7장(98면 이하) 참조.

89 지문날인제도의 내용과 법적 쟁점은 이 책 제7장 II. 2.(101면) 및 III. 4.(107-109면) 참조.

90 개인정보 보호법에 대한 분석과 비판으로 김일환, 〈개인정보보호법제정비에 대한 비판적 고찰 — 새로운 개인정보보호법안을 중심으로〉, 《토지공법연구》(한국토지공법학회), 제52집(2011), 269면 이하; 정혜영, 〈개인정보보호법의 내용과 체계에 관한 분석〉, 《공법학연구》(한국비교공법학회), 제12권 제4호(2011), 407면 이하 참조.

요한 경우로서 명백하게 정보주체의 권리보다 우선하는 경우(개인정보처리자의 정당한 이익과 상당한 관련이 있고 합리적인 범위를 초과하지 아니하는 경우로 한정)로 한정된다(동법 제15조 제1항). 특히 정보주체의 동의를 받으려는 경우에 ① 개인정보의 수집 · 이용 목적, ② 수집하려는 개인정보의 항목, ③ 개인정보의 보유 및 이용 기간, ④ 동의를 거부할 권리가 있다는 사실 및 동의 거부에 따른 불이익이 있는 경우에는 그 불이익의 내용을 먼저 정보주체에게 알려야 한다. 개인정보를 수집할 수 있는 요건에 해당하지 않는데도 개인정보를 수집하거나, 개인정보를 수집하기 위하여 정보주체의 동의를 받을 때 정보주체에게 필수적으로 알려야 할 사항을 알리지 않으면 과태료가 부과된다(동법 제75조 제1항 제1호 및 제2항 제1호).

(2) 개인정보의 제3자 제공

개인정보를 수집하여 처리하는 '개인정보처리자'는 정보주체의 동의를 받은 경우에는 제3자에게 해당 정보주체의 개인정보를 제공할 수 있다(동법 제17조 제1항 제1호). 또한 정보주체의 동의 없이도 정보수집이 가능한 경우들 중 법률에 특별한 규정이 있거나 법령상 의무를 준수하기 위하여 불가피한 경우, 공공기관이 법령 등에서 정하는 소관 업무의 수행을 위하여 불가피한 경우 혹은 정보주체 또는 그 법정대리인이 의사표시를 할 수 없는 상태에 있거나 주소불명 등으로 사전 동의를 받을 수 없는 경우로서 명백히 정보주체 또는 제3자의 급박한 생명, 신체, 재산의 이익을 위하여 필요하다고 인정되는 경우에는 개인정보를 수집한 목적 범위에서 제3자에 대한 개인정보의 제공이 가능하다(동법 동조 동항 제2호). 정보주체의 동의가 필요 없는 경우가 아닌데도 정보주체의 동의를 받지 않고 개인정보를 제3자에게 제공한 자 및 그 사정을 알고 개인정보를 제공받은 자는 형사처벌을 받는다(동법 제71조 제1호).

(3) 수집목적 외 이용 및 제3자 제공

개인정보를 수집하고 처리하는 개인정보처리자가 수집된 개인정보를 수집목적의 범위를 초과하여 이용하거나 제3자에게 제공할 수 있는 범위를 초과하여 제3자에게 제공하는 행위는 원칙적으로 금지된다(동법 제18조 제1항). 하지만 ① 정보주체로부터 별도의 동의를 받은 경우, ② 다른 법률에 특별한 규정이 있는 경우, ③ 정보주체 또는 그 법정대리인이 의사표시를 할 수 없는 상태에 있거나 주소불명 등으로 사전 동의를 받을 수 없는 경우로서 명백히 정보주체 또는 제3자의 급박한 생명, 신체, 재산의 이익을 위하여 필요하다고 인정되는 경우, ④ 통계작성 및 학술연구 등의 목적을 위하여 필요한 경우로서 특정 개인을 알아볼 수 없는 형태로 개인정보를 제공하는 경우, ⑤ 개인정보를 목적 외의 용도로 이용하거나 이를 제3자에게 제공하지 아니하면 다른 법률에서 정하는 소관 업무를 수행할 수 없는 경우로서 개인정보보호위원회의 심의·의결을 거친 경우, ⑥ 조약, 그 밖의 국제협정의 이행을 위하여 외국정부 또는 국제기구에 제공하기 위하여 필요한 경우, ⑦ 범죄의 수사와 공소의 제기 및 유지를 위하여 필요한 경우, ⑧ 법원의 재판업무 수행을 위하여 필요한 경우, ⑨ 형(刑) 및 감호, 보호처분의 집행을 위하여 필요한 경우 가운데 하나에 해당하면 정보주체 또는 제3자의 이익을 부당하게 침해할 우려가 있을 때를 제외하고는 개인정보를 목적 외의 용도로 이용하거나 이를 제3자에게 제공할 수 있는 예외가 인정된다(동법 동조 제2항). 이와 같은 수집목적 외 이용 및 제3자 제공에 관한 규정을 위반한 자는 형사처벌을 받는다(동법 제71조 제2호).

2. DNA법

개인의 생체정보 가운데 가장 민감한 정보라고 할 수 있는 디엔에이(DNA)정보를 규율하기 위하여 디엔에이신원확인정보의 이용 및 보호에 관한 법률(이하 'DNA법'으로 약칭)이 제정되어 있다.[91] 이 법률에 따르면 검사(군검찰관을 포

---

91 DNA법에 대한 상세한 분석과 문제점에 대하여는 이준일, 〈'디엔에이신원확인정보의 이용 및

함)는 특정한 범죄[92]에 대한 형의 선고, 보호관찰명령, 치료감호선고, 보호처분결정을 받아 확정된 사람으로부터 DNA감식시료를 채취할 수 있다(동법 제5조 제1항). 이러한 수형자 등뿐만 아니라 DNA감식시료의 채취가 허용된 범죄를 저지르거나 이와 경합된 범죄를 저질러 구속된 피의자 또는 보호구속된 치료감호대상자에 대해서도 DNA감식시료를 채취할 수 있다(동법 제6조 제1항). 또한 ① 범죄현장에서 발견된 것, ② 범죄의 피해자 신체의 내·외부에서 발견된 것, ③ 범죄의 피해자가 피해 당시 착용하거나 소지하고 있던 물건에서 발견된 것, ④ 범죄의 실행과 관련된 사람의 신체나 물건의 내·외부 또는 범죄의 실행과 관련한 장소에서 발견된 것에 대해서도 DNA감식시료를 채취할 수 있다(동법 제7조 제1항). 수형자 등이나 구속피의자 등에 대한 DNA

보호에 관한 법률'의 위헌성에 대한 검토 — 개인정보자기결정권에 대한 침해를 중심으로〉, 《인권과 정의》(대한변호사협회), 통권 제422호(2011), 83면 이하 참조.

92 DNA감식시료채취가 가능한 범죄로는 ①「형법」 제2편 제13장 방화와 실화의 죄 중 제164조, 제165조, 제166조 제1항, 제167조 제1항 및 제174조(제164조 제1항, 제165조, 제166조 제1항의 미수범만 해당)의 죄, ②「형법」 제2편 제24장 살인의 죄 중 제250조, 제253조 및 제254조(제251조, 제252조의 미수범은 제외)의 죄, ③「형법」 제2편 제31장 약취(略取), 유인(誘引) 및 인신매매의 죄 중 제287조, 제288조(결혼을 목적으로 제288조 제1항의 죄를 범한 경우는 제외), 제289조(결혼을 목적으로 제289조 제2항의 죄를 범한 경우는 제외), 제290조, 제291조, 제292조(결혼을 목적으로 한 제288조 제1항 또는 결혼을 목적으로 한 제289조 제2항의 죄로 약취, 유인 또는 매매된 사람을 수수 또는 은닉한 경우 및 결혼을 목적으로 한 제288조 제1항 또는 결혼을 목적으로 한 제289조 제2항의 죄를 범할 목적으로 사람을 모집, 운송 또는 전달한 경우는 제외) 및 제294조(결혼을 목적으로 제288조 제1항 또는 결혼을 목적으로 제289조 제2항의 죄를 범한 경우의 미수범, 결혼을 목적으로 한 제288조 제1항 또는 결혼을 목적으로 한 제289조 제2항의 죄로 약취, 유인 또는 매매된 사람을 수수 또는 은닉한 죄의 미수범은 제외)의 죄, ④「형법」 제2편 제32장 강간과 추행의 죄 중 제297조부터 제301조까지, 제301조의2, 제302조, 제303조 및 제305조의 죄, ⑤「형법」 제2편 제38장 절도와 강도의 죄 중 제330조, 제331조, 제332조(제331조의2의 상습범은 제외)부터 제342조(제329조, 제331조의2의 미수범은 제외)까지의 죄, ⑥「폭력행위 등 처벌에 관한 법률」 제2조(같은 조 제2항의 경우는 제외), 제3조부터 제5조까지 및 제6조(제2조 제2항의 미수범은 제외)의 죄, ⑦「특정범죄가중처벌 등에 관한 법률」 제5조의2 제1항부터 제6항까지, 제5조의4 제1항부터 제3항까지 및 제5항, 제5조의5, 제5조의8, 제5조의9 및 제11조의 죄, ⑧「성폭력범죄의 처벌 등에 관한 특례법」 제3조부터 제11조까지 및 제15조(제13조의 미수범은 제외)의 죄, ⑨「마약류관리에 관한 법률」 제58조부터 제61조까지의 죄, ⑩「아동·청소년의 성보호에 관한 법률」 제7조 및 제12조부터 제14조까지(제14조 제3항의 경우는 제외한다)의 죄, ⑪「군형법」 제53조 제1항, 제59조 제1항, 제66조, 제67조 및 제82조부터 제85조까지의 죄가 있다(DNA법 제5조 제1항).

감식시료채취를 위해서는 원칙적으로 법관의 영장이 필요하지만(동법 제8조 제1항), 채취대상자가 동의하는 경우에는 영장 없이도 DNA감식시료의 채취가 가능하다(동법 동조 제3항). 그러나 수형인 등이 재심에서 무죄, 면소, 공소기각 판결 또는 공소기각 결정이 확정된 경우, 그리고 구속피의자 등이 검사의 혐의없음, 죄가안됨 또는 공소권없음의 처분이 있거나 구속된 피의자의 죄명이 수사 또는 재판 중에 DNA감식시료채취가 가능한 죄명 외의 죄명으로 변경되는 경우(죄가안됨 처분을 하면서 「치료감호법」에 따라 치료감호의 독립청구를 하는 경우는 제외), 법원의 무죄, 면소, 공소기각 판결 또는 공소기각 결정이 확정된 경우(무죄 판결을 하면서 치료감호를 선고하는 경우는 제외), 법원의 「치료감호법」에 따른 치료감호의 독립청구에 대한 청구기각 판결이 확정된 경우에는 DNA신원확인정보는 지체 없이 폐기되어야 한다(DNA법 제13조 제1항 및 제2항).

3. 의료법

의료인에게는 각각 진료기록부, 조산기록부, 간호기록부, 그 밖의 '진료에 관한 기록'을 갖추어 두고 환자의 주된 증상, 진단 및 치료 내용 등 법령에서 정하는 의료행위에 관한 사항과 의견을 상세히 기록하고 서명해야 하는 의무가 부과된다(의료법 제22조). 이러한 진료기록부 등은 환자의 의료정보로서 중요한 개인정보에 해당한다.[93] 이에 따라 의료법은 의료인이나 의료기관 종사자가 환자 본인이 아닌 다른 사람에게 환자에 관한 기록을 열람하게 하거나 그 사본을 내주는 등으로 환자기록의 '내용을 확인할 수 있게 하는 행위'를 금지하고 있다(동법 제21조 제1항). 다만 환자에 관한 기록의 내용을 확인할 수 있게 하는 행위가 허용되는 예외적인 경우로는 ① 환자의 배우자, 직

93 개인정보로서 의료정보의 개념에 대해서는 이한주, 〈의료영역에서의 개인정보보호의 문제점과 해결방안〉, 《한국의료법학회지》(한국의료법학회), 제20권 제2호(2012), 271면 이하; 정용엽, 〈보건의료정보의 법적 보호와 열람 · 교부〉, 《의료법학》(대한의료법학회), 제13권 제1호(2012), 362면 이하 참조.

계 존속 · 비속 또는 배우자의 직계 존속이 환자 본인의 동의서와 친족관계임을 나타내는 증명서 등을 첨부하는 등 법령으로 정하는 요건[94]을 갖추어 요청한 경우, ② 환자가 지정하는 대리인이 환자 본인의 동의서와 대리권이 있음을 증명하는 서류를 첨부하는 등 법령으로 정하는 요건[95]을 갖추어 요청한 경우, ③ 환자가 사망하거나 의식이 없는 등 환자의 동의를 받을 수 없어 환자의 배우자, 직계 존속 · 비속 또는 배우자의 직계 존속이 친족관계임을 나타내는 증명서 등을 첨부하는 등 법령으로 정하는 요건[96]을 갖추어 요청한 경우, ④ 「국민건강보험법」에 따라 급여비용 심사 · 지급 · 대상여부 확인 · 사후

94 의료법 시행규칙(보건복지부령)이 요구하는 요건으로는 ① 기록 열람이나 사본 발급을 요청하는 자의 신분증(주민등록증, 여권, 운전면허증 그 밖에 공공기관에서 발행한 본인임을 확인할 수 있는 신분증) 사본, ② 가족관계증명서, 주민등록표 등본 등 친족관계임을 확인할 수 있는 서류, ③ 환자가 자필서명한 동의서(환자가 만 14세 미만의 미성년자인 경우에는 제외), ④ 환자의 신분증 사본(환자가 만 17세 미만으로 주민등록증이 발급되지 않은 경우에는 제외)이 있다(동시행규칙 제13조의2 제1항).

95 의료법 시행규칙에 따라 ① 기록열람이나 사본발급을 요청하는 자의 신분증 사본, ② 환자가 자필 서명한 동의서 및 위임장(환자가 만 14세 미만의 미성년자인 경우에는 환자의 법정대리인이 작성하여야 하며, 가족관계증명서 등 법정대리인임을 확인할 수 있는 서류를 첨부), ③ 환자의 신분증 사본(환자가 만 17세 미만으로 주민등록증이 발급되지 않은 자는 제외)이 요구된다(동시행규칙 제13조의2 제2항).

96 의료법 시행규칙 별표 2의2에서 요구하는 요건은 다음과 같다.

[별표 2의2] 환자의 동의를 받을 수 없는 경우 기록 열람 · 사본 발급 요청 시 구비서류
(제13조의2 제3항 관련)

구 분	구비서류
환자가 사망한 경우	1. 기록 열람이나 사본 발급을 요청하는 자의 신분증 사본 2. 가족관계증명서, 주민등록표 등본 등 친족관계를 확인할 수 있는 서류 3. 가족관계증명서, 제적등본, 사망진단서 등 사망사실을 확인할 수 있는 서류
환자가 의식불명 또는 의식불명은 아니지만 중증의 질환 · 부상으로 자필서명을 할 수 없는 경우	1. 기록 열람이나 사본 발급을 요청하는 자의 신분증 사본 2. 가족관계증명서, 주민등록표 등본 등 친족관계를 확인할 수 있는 서류 3. 환자가 의식불명 또는 중증의 질환 · 부상으로 자필서명을 할 수 없음을 확인할 수 있는 진단서
환자가 행방불명인 경우	1. 기록 열람이나 사본 발급을 요청하는 자의 신분증 사본 2. 가족관계증명서, 주민등록표 등본 등 친족관계를 확인할 수 있는 서류 3. 주민등록표 등본, 법원의 실종선고 결정문 사본 등 행방불명 사실을 확인할 수 있는 서류
환자가 의사무능력자인 경우	1. 기록 열람이나 사본 발급을 요청하는 자의 신분증 사본 2. 가족관계증명서, 주민등록표 등본 등 친족관계를 확인할 수 있는 서류 3. 법원의 금치산 선고 결정문 사본 또는 의사무능력자임을 증명하는 정신과 전문의의 진단서

관리 및 요양급여의 적정성 평가 · 가감지급 등을 위하여 국민건강보험공단 또는 건강보험심사평가원에 제공하는 경우, ⑤「의료급여법」에 따라 의료급여 수급권자 확인, 급여비용의 심사 · 지급, 사후관리 등 의료급여 업무를 위하여 보장기관(시 · 군 · 구), 국민건강보험공단, 건강보험심사평가원에 제공하는 경우, ⑥「형사소송법」 제106조(압수), 제215조(영장에 의한 압수, 수색, 검증) 또는 제218조(영장에 의하지 않는 압수, 수색, 검증)에 따른 경우, ⑦「민사소송법」 제347조에 따라 문서제출을 명한 경우, ⑧「산업재해보상보험법」에 따라 근로복지공단이 보험급여를 받는 근로자를 진료한 산재보험 의료기관(의사를 포함)에 대하여 그 근로자의 진료에 관한 보고 또는 서류 등 제출을 요구하거나 조사하는 경우, ⑨「자동차손해배상 보장법」에 따라 의료기관으로부터 자동차보험진료수가를 청구받은 보험회사 등이 그 의료기관에 대하여 관계 진료기록의 열람을 청구한 경우, ⑩「병역법」에 따라 지방병무청장이 징병검사와 관련하여 질병 또는 심신장애의 확인을 위하여 필요하다고 인정하여 의료기관의 장에게 징병검사대상자의 진료기록 · 치료 관련 기록의 제출을 요구한 경우, ⑪「학교안전사고 예방 및 보상에 관한 법률」에 따라 공제회가 공제급여의 지급 여부를 결정하기 위하여 필요하다고 인정하여 국민건강보험법에 따른 요양기관에 대하여 관계 진료기록의 열람 또는 필요한 자료의 제출을 요청하는 경우, ⑫「고엽제후유의증 환자지원 등에 관한 법률」에 따라 의료기관의 장이 진료기록 및 임상소견서를 보훈병원장에게 보내는 경우, ⑬「의료사고 피해구제 및 의료분쟁 조정 등에 관한 법률」 제28조 제3항(의료사고의 조사)에 따른 경우, ⑭「국민연금법」에 따라 국민연금공단이 부양가족연금, 장애연금 및 유족연금 급여의 지급심사와 관련하여 가입자 또는 가입자였던 사람을 진료한 의료기관에 해당 진료에 관한 사항의 열람 또는 사본 교부를 요청하는 경우가 있다(의료법 제21조 제2항).

4. 신용정보법

개인의 거래내역이나 신용도 또는 신용거래능력을 판단할 수 있는 신용정보도 중요한 개인정보에 해당한다. 신용정보의 이용 및 보호에 관한 법률(이하 '신용정보법'으로 약칭)[97]은 신용정보업을 수행하기 위해서 금융위원회의 허가를 받도록 요구한다(동법 제4조 제2항).[98] 또한 신용정보를 집중하여 수집 · 보관함으로써 체계적이고 종합적으로 관리하고, 신용정보회사 등 상호 간에 신용정보를 교환 · 활용하려는 경우에는 금융위원회에 '신용정보집중기관'으로 등록하여야 한다(동법 제25조 제1항). 이러한 신용정보회사와 신용정보집중기관 및 신용정보제공 · 이용자는 신용정보를 수집 · 조사하는 경우에 신용정보법 또는 정관으로 정한 업무 범위에서 수집 · 조사의 목적을 명확하게 하고, 그 목적 달성에 필요한 범위에서 합리적이고 공정한 수단을 사용하여야 하는 의무가 부과된다(동법 제15조). 더욱이 수집이나 조사가 금지되는 대상으로는 ① 국가의 안보 및 기밀에 관한 정보, ② 기업의 영업비밀 또는 독창적인 연구개발 정보, ③ 개인의 정치적 사상, 종교적 신념, 그 밖에 신용정보와 관계없는 사생활에 관한 정보, ④ 확실하지 아니한 개인신용정보, ⑤ 다른 법률에 따라 수집이 금지된 정보 등이 있다(동법 제16조).

---

97 개인정보로서 신용정보를 규율하고 있는 신용정보법에 대한 분석으로 김준우 · 소재선, 〈개인정보보호법제에 대한 소고 — 개인정보보호법 및 신용정보법을 중심으로〉, 《경희법학》(경희대학교 법학연구소), 제47권 제3호(2012), 59면 이하 참조.

98 신용정보업의 허가를 받을 수 있는 대상은 ① 대통령령으로 정하는 금융기관 등이 100분의 50 이상을 출자한 법인, ②「신용보증기금법」에 따른 신용보증기금, ③「기술신용보증기금법」에 따른 기술신용보증기금, ④「지역신용보증재단법」에 따라 설립된 신용보증재단, ⑤「무역보험법」에 따라 설립된 한국무역보험공사, ⑥ 신용조회업, 신용조사업, 채권추심업 업무의 전부 또는 일부를 허가받은 자가 100분의 50 이상을 출자한 법인(출자자가 출자를 받은 법인과 같은 종류의 업무를 하는 경우는 제외)으로 제한된다(신용정보법 제5조 제1항). 또한 ① 신용정보업을 하기에 충분한 인력과 전산설비 등 물적 시설을 갖출 것, ② 사업계획이 타당하고 건전할 것, ③ 대통령령으로 정하는 주요 출자자가 충분한 출자능력, 건전한 재무상태 및 사회적 신용을 갖출 것, ④ 신용정보업을 하기에 충분한 전문성을 갖출 것과 같은 요건이 요구되고(동법 제6조 제1항), 신용조회업을 하려는 경우에는 50억원 이상, 신용조사업 및 채권추심업을 각각 또는 함께 하려는 경우에는 50억원 이내에서 대통령령으로 정하는 금액 이상의 자본금 또는 기본재산을 갖추어야 한다(동법 동조 제2호).

III. 개인정보감시의 법적 쟁점과 대안

1. 동의의 형식화

개인정보 보호법에 따르면 본인의 동의가 있으면 개인정보의 수집과 제3자에 대한 제공이 허용된다. 따라서 개인정보를 수집하거나 제3자에게 제공하려는 경우에 본인의 동의를 얻기 위하여 다양한 방법이 동원될 수 있다. 특히 동의는 동의하는 사람이 그 내용을 충분히 숙지한 뒤에 하는 경우에만 진정한 동의로서 의미를 가진다. 하지만 현재 개인정보수집에 관한 동의를 얻는 과정을 보면 다 읽기에 귀찮을 정도로 많은 내용을 포함함으로써 동의하는 내용을 충분히 숙지하지 않은 상태에서 동의하는 것이 관행이 되고 있다. 이것은 개인정보의 수집을 위한 필수적 요건으로 동의를 요구하면서도 동의가 형식화되어 사실상 개인정보의 수집을 정당화하는 결과를 초래한다. 또한 개인정보 보호법에 따라 개인정보처리자가 이 법률을 위반하여 정보주체에게 손해를 입히고 자신에게 고의나 과실이 없음을 증명하지 못하면 손해배상책임을 져야 하기 때문에(동법 제39조 제1항) 개인정보처리자는 이러한 손해배상책임을 지지 않기 위하여 형식적으로라도 정보주체의 동의를 얻으려고 노력하게 된다. 정보주체를 보호하기 위하여 마련된 손해배상책임제도가 오히려 정보주체의 동의만 얻으면 개인정보처리자는 과실이 없음을 증명함으로써 손해배상책임을 면할 수 있다는 생각을 부추겨 동의를 형식화하는 것이다. 정보주체의 동의 자체가 아니라 실질적인 동의를 얻지 못한 경우에는 고의나 과실 여부를 따져 개인정보처리자에게 손해배상책임을 물을 수 있는 입법적 보완이 요구되는 이유가 여기에 있다.

2. 동의가 필요 없는 예외의 확장

개인정보의 수집과 제3자 제공을 위해서는 원칙적으로 본인의 동의가 필요하지만 본인의 동의가 필요 없는 예외의 범위가 대단히 넓다. 예외가 인정되는 목적으로는 ① 법령상 의무의 준수, ② 공공기관의 소관 업무 수행, ③ 정보주체와의 계약 체결 및 이행, ④ 정보주체나 제3자의 생명, 신체, 재산의 이익, ⑤ 개인정보처리자의 정당한 이익이 제시된다. 이러한 목적의 달성을 위하여 본인의 동의 없이 개인정보의 수집이나 제3자 제공이 허용된다고 하더라도 개인정보의 수집이나 제3자 제공은 이러한 목적을 달성하는 데 '반드시 필요한 경우'로 한정된다. 따라서 개인정보의 수집이나 제3자 제공이 아닌 다른 방법으로도 그러한 목적의 달성이 가능하다면 개인정보의 수집이나 제3자 제공은 허용될 수 없다. 특히 정보주체나 제3자의 생명, 신체, 재산의 이익을 위하여 개인정보를 수집하거나 제3자에게 제공하는 경우에는 정보주체 또는 그 법정대리인이 의사표시를 할 수 없어 사전 동의를 받을 수 없는 상태가 객관적으로 확인될 수 있어야 하고, 정보주체 또는 제3자의 생명, 신체, 재산의 이익에 대한 침해가 명백하고 급박한 경우로 한정될 필요가 있다. 또한 개인정보처리자의 정당한 이익을 달성하기 위하여 개인정보를 수집하거나 제3자에게 제공하는 경우에는 그러한 이익이 정보주체의 권리보다 우선한다는 점이 명백하고, 합리적으로 인정될 수 있는 범위로 한정되어야 한다.

3. DNA법의 문제점

생체정보의 하나인 DNA정보를 수집할 수 있는 대상은 수형자뿐만 아니라 구속된 피의자까지 확대되어 있다. 헌법은 '무죄추정원칙'을 선언함으로써 형사피의자나 형사피고인은 형이 확정될 때까지 무죄로 추정하도록 요구하고 있다(헌법 제27조 제4항). 이러한 원칙에 비추어 구속된 피의자에 대해서까지 DNA정보를 수집할 수 있도록 한 것은 문제가 있고, 평등원칙의 관점에서도 형이 확정된 수형자와 아직 무죄추정원칙을 적용받는 구속피의자를 동등하게 취급하여 DNA정보를 수집할 수 있도록 한 것은 문제가 많다. 범죄현장에서 채취된 DNA의 정보를 통해 미제사건을 해결하고, 범죄인의 여죄를 추궁할 수 있을지도 모른다. 하지만 범죄현장에서 채취된 DNA의 정보라고 하더라도 범죄와 관련이 없는 사람의 DNA정보일 수 있다는 점에서 DNA정보의 수집이 제한될 필요가 있다.[99]

4. 개인정보의 불법적 유통

개인정보를 수집하는 과정에서도 권리침해가 발생할 수 있지만 수집된 개인정보를 관리하는 과정에서도 권리침해가 발생할 수 있다. 특히 최근에 문제가 되고 있는 것은 수집된 개인정보의 불법적 유통이다. 이와 관련하여 개인정보 보호법은 개인정보를 처리하거나 처리하였던 자에게 ① 거짓이나 그 밖의 부정한 수단이나 방법으로 개인정보를 취득하거나 처리에 관한 동의를 받는 행위, ② 업무상 알게 된 개인정보를 누설하거나 권한 없이 다른 사람이 이용하도록 제공하는 행위, ③ 정당한 권한 없이 또는 허용된 권한을 초과하여 다른 사람의 개인정보를 훼손, 멸실, 변경, 위조 또는 유출하는 행위를 금지하고 있다(동법 제59조). 만약 이러한 금지를 위반하여 거짓이나 그 밖의 부정한 수단이나 방법으로 개인정보를 취득하거나 개인정보 처리에 관한 동의를 받는 행위를 한 자 및 그 사정을 알면서도 영리 또는 부정한 목적으로 개인정보를 제공받은 자(동법 제72조 제2호), 업무상 알게 된 개인정보를 누설하거나 권한 없이 다른 사람이 이용하도록 제공한 자 및 그 사정을 알면서도 영리 또는 부정한 목적으로 개인정보를 제공받은 자, 다른 사람의 개인정보를 훼손, 멸실, 변경, 위조 또는 유출한 자(동법 제71조 제5호 및 제6호)는 형사처벌을 받게 된다. 한편 정보주체는 개인정보처리자가 개인정보 보호법을 위반한 행

99 DNA법의 위헌성 여부에 대해서는 활발한 논의가 진행되고 있는데 대표적인 문헌으로 서계원, 〈「디엔에이신원확인정보의 이용 및 보호에 관한 법률」의 문제점과 개선방안〉, 《세계헌법연구》(세계헌법학회 한국학회), 제16권 제2호(2010), 199면 이하; 윤영철, 〈「디엔에이신원확인정보의 이용 및 보호에 관한 법률」에 대한 비판적 고찰〉, 《홍익법학》(홍익대학교 법학연구소), 제12권 제1호(2011), 1면 이하; 이성기 · 한면수, 〈『디엔에이신원확인정보의 이용 및 보호에 관한 법률』의 위헌성에 관한 논의 — 미국, 영국, 독일, 프랑스의 입법례 비교를 중심으로〉, 《법과 정책연구》(한국법정책학회), 제12권 제1호(2012), 115면 이하; 이호중, 〈DNA법의 문제점과 위헌성 검토〉, 《민주법학》(민주주의법학연구회), 제51호(2013), 223면 이하 참조.

위로 손해를 입었을 경우에 개인정보처리자에게 손해배상을 청구할 수 있고, 그 개인정보처리자는 고의 또는 과실이 없음을 입증하지 않으면 책임을 면할 수 없다(동법 제39조 제1항). 다만 개인정보처리자가 개인정보 보호법에 따른 의무를 준수하고 상당한 주의와 감독을 게을리하지 않은 경우에만 개인정보의 분실 · 도난 · 유출 · 변조 또는 훼손으로 인한 손해배상책임을 감경받을 수 있을 뿐이다(동법 동조 제2항).

5. 정보주체의 권리 강화

개인정보 보호법은 정보주체의 권리로서 ① 개인정보의 처리에 관한 정보를 제공받을 권리, ② 개인정보의 처리에 관한 동의 여부, 동의 범위 등을 선택하고 결정할 권리, ③ 개인정보의 처리 여부를 확인하고 개인정보에 대하여 열람(사본의 발급을 포함)을 요구할 권리, ④ 개인정보의 처리 정지, 정정 · 삭제 및 파기를 요구할 권리, ⑤ 개인정보의 처리로 인하여 발생한 피해를 신속하고 공정한 절차에 따라 구제받을 권리를 보장하고 있다(동법 제4조). 이러한 권리들은 헌법상 보장된 기본권인 '개인정보자기결정권'을 구체화하는 권리로 이해된다.[100]

구체적으로는 우선 정보주체는 개인정보처리자가 처리하는 자신의 개인정보에 대한 '열람'을 해당 개인정보처리자에게 요구할 수 있는 권리를 가지고, 열람을 요구받은 개인정보처리자는 법령으로 정해진 기간 내에 정보주체가 해당 개인정보를 열람할 수 있도록 하여야 하는 의무를 부담한다(동법 제35조 제1항 및 제3항). 개인정보처리자가 정보주체에게 열람을 제한하거나 거절할 수 있는 경우는 ① 법률에 따라 열람이 금지되거나 제한되는 경우, ② 다른 사람의 생명 · 신체를 해할 우려가 있거나 다른 사람의 재산과 그 밖의 이익을 부당하게 침해할 우려가 있는 경우, ③ 공공기관이 조세의 부과 · 징수

100 개인정보자기결정권에 관한 상세한 논의는 이 책 제2장 I. 3.(30-31면) 및 제3장 III. 3.(51-52면) 참조.

또는 환급에 관한 업무, 「초 · 중등교육법」 및 「고등교육법」에 따른 각급 학교, 「평생교육법」에 따른 평생교육시설, 그 밖의 다른 법률에 따라 설치된 고등교육기관에서의 성적 평가 또는 입학자 선발에 관한 업무, 학력 · 기능 및 채용에 관한 시험, 자격 심사에 관한 업무, 보상금 · 급부금 산정 등에 대하여 진행 중인 평가 또는 판단에 관한 업무, 다른 법률에 따라 진행 중인 감사 및 조사에 관한 업무 중 어느 하나에 해당하는 업무를 수행할 때 중대한 지장을 초래하는 경우로 한정된다(개인정보 보호법 제35조 제4항).

다음으로 자신의 개인정보를 열람한 정보주체는 개인정보처리자에게 그 개인정보의 '정정 또는 삭제'를 요구할 수 있는 권리를 가지고, 정보주체의 요구를 받은 개인정보처리자는 개인정보의 정정 또는 삭제에 관하여 다른 법령에 특별한 절차가 규정되어 있는 경우를 제외하고는 지체 없이 그 개인정보를 조사하여 정보주체의 요구에 따라 정정 · 삭제 등 필요한 조치를 한 후 그 결과를 정보주체에게 알려야 하는 의무를 부담한다(동법 제36조 제1항 및 제2항). 또한 정보주체는 개인정보처리자에 대하여 자신의 개인정보 '처리의 정지'를 요구할 수 있는 권리를 가지며, 요구를 받은 개인정보처리자는 지체 없이 정보주체의 요구에 따라 개인정보 처리의 전부를 정지하거나 일부를 정지하여야 하고 처리가 정지된 개인정보에 대하여 지체 없이 해당 개인정보의 파기 등 필요한 조치를 하여야 하는 의무를 부담한다(동법 제37조 제1항, 제2항 및 제4항). 정보주체의 처리정지 요구를 거절할 수 있는 경우는 ① 법률에 특별한 규정이 있거나 법령상 의무를 준수하기 위하여 불가피한 경우, ② 다른 사람의 생명 · 신체를 해할 우려가 있거나 다른 사람의 재산과 그 밖의 이익을 부당하게 침해할 우려가 있는 경우, ③ 공공기관이 개인정보를 처리하지 아니하면 다른 법률에서 정하는 소관 업무를 수행할 수 없는 경우, ④ 개인정보를 처리하지 아니하면 정보주체와 약정한 서비스를 제공하지 못하는 등 계약의 이행이 곤란한 경우로서 정보주체가 그 계약의 해지 의사를 명확하게 밝히지 아니한 경우로 한정된다(동법 동조 제2항 단서).

자신의 개인정보에 대한 열람을 요구한 정보주체에게 법에서 열거된 사유가 없음에도 불구하고 열람을 제한하거나 거절하는 경우(동법 제75조 제2항 제10호), 자신의 개인정보에 대한 정정이나 삭제를 정보주체로부터 요구받고도 정정이나 삭제 등과 같은 필요한 조치를 하지 않은 경우(동법 동조 동항 제11호), 자신의 개인정보에 대한 처리정지를 정보주체로부터 요구받고도 법에서 열거된 사유가 없음에도 불구하고 처리가 정지된 개인정보에 대하여 파기 등 필요한 조치를 하지 않은 경우(동법 동조 동항 제12호)에는 과태료가 부과된다.

한편 개인정보와 관련된 분쟁을 조정하기 위하여 '개인정보 분쟁조정위원회'가 설치되어 있고(동법 제40조 제1항),[101] 개인정보와 관련한 분쟁의 조정을 원하는 자는 분쟁조정위원회에 분쟁조정을 신청할 수 있다(동법 제43조 제1항). 또한 국가 및 지방자치단체, 개인정보 보호단체 및 기관, 정보주체, 개인정보처리자는 정보주체의 피해 또는 권리침해가 다수의 정보주체에게 같거나 비슷한 유형으로 발생하는 경우에는 분쟁조정위원회에 일괄적인 분쟁조정인 '집단분쟁조정'을 의뢰하거나 신청할 수 있다(동법 제49조 제1항). 개인정보처리자가 이러한 집단분쟁조정을 거부하거나 집단분쟁조정의 결과를 수락하지 않은 경우에는 ① 「소비자기본법」에 따라 공정거래위원회에 등록한 소비자단체로서 정관에 따라 상시적으로 정보주체의 권익증진을 주된 목적으로 하는 단체이면서 단체의 정회원수가 1천명 이상이고, 「소비자기본법」에 따른 등록 후 3년이 경과된 단체 또는 ② 「비영리민간단체 지원법」에 따른 비

101 '개인정보 분쟁조정위원회'는 위원장 1명을 포함한 20명 이내의 위원으로 구성하며, 그 중 1명은 상임위원으로 한다(개인정보 보호법 제40조 제2항). 위원은 ① 개인정보 보호업무를 관장하는 중앙행정기관의 고위공무원단에 속하는 공무원 또는 이에 상당하는 공공부문 및 관련 단체의 직에 재직하고 있거나 재직하였던 사람으로서 개인정보 보호업무의 경험이 있는 사람, ② 대학이나 공인된 연구기관에서 부교수 이상 또는 이에 상당하는 직에 재직하고 있거나 재직하였던 사람, ③ 판사·검사 또는 변호사로 재직하고 있거나 재직하였던 사람, ④ 개인정보 보호와 관련된 시민사회단체 또는 소비자단체로부터 추천을 받은 사람, ⑤ 개인정보처리자로 구성된 사업자단체의 임원으로 재직하고 있거나 재직하였던 사람 중에서 행정자치부장관이 임명하거나 위촉한다(동법 동조 제3항).

영리민간단체로서 법률상 또는 사실상 동일한 침해를 입은 100명 이상의 정보주체로부터 단체소송의 제기를 요청받고, 정관에 개인정보 보호를 단체의 목적으로 명시한 후 최근 3년 이상 이를 위한 활동실적이 있으며, 단체의 상시 구성원수가 5천명 이상일 뿐만 아니라 중앙행정기관에 등록되어 있는 단체는 법원에 권리침해 행위의 금지·중지를 구하는 "단체소송"을 제기할 수 있다(개인정보 보호법 제51조).

이처럼 개인정보 보호법은 정보주체의 권리를 상세하게 보장하고 있고, 이러한 권리가 침해되는 경우에 구제받을 수 있는 절차도 자세하게 규정하고 있다. 중요한 것은 정보주체의 법적 권리가 현실적으로 관철되고, 권리침해가 발생했을 때는 감독기관이 적극적으로 단속하여 과태료를 부과하거나 정보주체가 개인정보 분쟁조정위원회나 법원을 통해 권리구제를 받는 것이다. 여기서 분쟁조정위원회나 법원이 개인정보에 관한 권리가 갖는 중요성에 주목하여 조정[102]을 유도하거나 판결을 내릴 필요성이 요구된다.

102 개인정보 분쟁조정위원회의 조정안에는 ① 조사 대상 침해행위의 중지, ② 원상회복, 손해배상, 그 밖에 필요한 구제조치, ③ 같거나 비슷한 침해의 재발을 방지하기 위하여 필요한 조치 중 하나의 사항이 포함된다(개인정보 보호법 제47조 제1항).

제7장 고유식별정보감시
—주민등록제도를 중심으로

I. 고유식별정보감시의 개념과 원칙

개인을 식별할 수 있는 정보를 '개인정보'라고 부르는데 그중에서도 주민등록번호와 같이 "개인을 고유하게 구별하기 위하여 부여된 식별정보"를 "고유식별정보"라고 지칭한다(개인정보 보호법 제24조 제1항). 일상적으로는 '개인식별번호(PIN: personal identification number)'라는 용어가 흔히 사용되기도 한다. 많은 경우에 감시의 목적이 일정한 대상에 대한 식별에 있다는 점에서 고유식별정보의 수집은 감시의 한 양태로 이해될 수 있다. 개인정보 보호법 시행령에 따르면 고유식별정보에는 주민등록번호, 여권번호, 운전면허번호, 외국인등록번호가 있다(동시행령 제19조). 이러한 고유식별정보의 처리는 원칙적으로 금지되며, 별도로 동의를 받은 경우나 법령에서 구체적으로 고유식별정보의 처리를 요구하거나 허용하는 경우에만 예외적으로 허용된다.[103] 고유식별정보 가운데 특히 주민등록번호는 ① 법령에서 구체적으로 주민등록번호의 처리를 요구하거나 허용한 경우, ② 정보주체 또는 제3자의 급박한

103 기본적으로 고유식별정보는 ① 정보주체에게 수집이나 이용 또는 제공의 목적과 기간 등에 관한 사항을 알리고 다른 개인정보의 처리에 대한 동의와 별도로 동의를 받은 경우 또는 ② 법령에서 구체적으로 고유식별정보의 처리를 요구하거나 허용하는 경우에 처리될 수 있다(개인정보 보호법 제24조 제1항).

생명, 신체, 재산의 이익을 위하여 명백히 필요하다고 인정되는 경우, ③ 이에 준하여 주민등록번호 처리가 불가피한 경우로서 행정자치부령으로 정하는 경우에만 예외적으로 허용된다(개인정보 보호법 제24조의2 제1항).

법령에서 고유식별정보의 처리를 요구하거나 허용하는 예를 들면 우선 감염병의 예방 및 관리에 관한 법률에 따라 특별자치도지사 또는 시장 · 군수 · 구청장은 정기예방접종 대상 아동 부모에게 보건복지부령으로 정하는 바에 따라 정기예방접종을 사전에 알려야 하는데 이 경우 고유식별정보를 처리할 수 있다(동법 제24조 제3항). 또한 공익신탁법에 따라 법무부장관은 공익신탁의 인가 및 그 취소, 시정 요청 등 이 법에 따른 권한의 행사를 위하여 관계 행정기관, 지방자치단체 및 「공공기관의 운영에 관한 법률」에 따른 공공기관에 필요한 자료 제출 등을 요청할 수 있는데 이 경우 법무부장관은 공익신탁의 인가 및 취소, 감독 등 업무 수행을 위하여 필요한 때에는 고유식별정보를 처리할 수 있다(공익신탁법 제26조). 그리고 경찰관 직무집행법 시행령에 따라 국가경찰공무원은 경찰관의 직무를 수행하기 위하여 불가피한 경우에 주민등록번호와 같은 고유식별정보가 포함된 자료를 처리할 수 있다(동시행령 제8조). 그 밖에도 고등교육법 시행령에 따라 학교의 장도 학적부 작성 · 관리 등 교육의 과정 기록에 관한 사무를 수행하기 위하여 불가피한 경우에 주민등록번호가 포함된 자료를 처리할 수 있다(동시행령 제73조 제2항). 대체로 고유식별정보를 처리해야 할 '행정적 필요'가 있는 경우에 법령에서 고유식별정보의 처리를 행정기관에 허용하고 있는 것으로 보인다. 따라서 법령에서 제시된 행정적 필요가 정당한지, 고유식별정보의 수집으로 그러한 행정적 필요가 효과적으로 충족되는지, 동일한 행정적 필요를 충족시키기 위한 다른 대체수단은 없는지, 행정적 필요보다 고유식별정보의 수집으로 피해를 입는 권리의 중대성이 더 큰지에 관한 검토가 요구된다.

II. 주민등록제도의 내용

주민등록제도[104]는 모든 국민에게 서로 다른 '주민등록번호'를 부여하고, 일정한 나이가 되면 주민등록번호와 지문을 포함한 다양한 개인정보가 기재되어 신분증으로 활용할 수 있는 '주민등록증'을 발급함으로써 다양한 영역에서 개인을 식별할 수 있는 정보인 '주민등록번호의 제시를 강제'하는 것을 내용으로 한다.

1. 주민등록번호

주민등록법에 따라 시장 · 군수 또는 구청장은 주민에게 '개인별로 고유한 등록번호'인 주민등록번호를 부여해야 하는 의무가 있다(동법 제7조). 실제로 대한민국의 국민이라면 모두 하나의 주민등록번호를 가지고 있다. 정확히 말하면 거의 모든 국민은 주민등록번호라는 숫자로 지칭되고 호명되고 있는 것이 현실이다. 이러한 주민등록번호는 생년월일 · 성별 · 지역 등을 표시할 수 있는 '13자리의 숫자'로 구성된다(주민등록법 시행규칙 제2조).[105] 주민등록번호는 국민 1인당 1개만 부여되고, 평생 동안 변경이 불가능하다는 점이 특징이다. 이러한 특징 때문에 주민등록번호는 본인을 확인할 수 있는 가장 확실한 정보가 된다. 그렇지만 물건이 아닌 사람에게 고유한 번호를 부여하여

---

104 주민등록제도에 대해서는 다음과 같은 혹독한 평가가 있다. 한홍구, 〈현대사를 통해 바라본 감시의 추억〉, 《감시사회》(2012), 26면: "1968년, 독한 마음을 품은 박정희가 한국 사회를 병영국가체제로 재편했습니다. 그러면서 국민에 대한 통제를 시작하죠. 박정희 군사정권이 들어서면서 1962년 제정된 주민등록제도는 1968년 주민등록번호를 부여하는 방식으로 변경됩니다. 이런 주민등록제도가 시행되면 초보적이지만 행정이 전산화되기 시작하고 주민등록체제가 완비되는 시점, 즉 1970년 전후로는 국가가 개개인을 거의 파악하게 됩니다. 당시 박정희의 목표는 전 국민을 단 한 명의 열외 없이 병영국가체제에 동원하는 것이었습니다. 그리고 실제로 그렇게 했습니다. 병역기피율이 0퍼센트에 가까웠으니까요."

105 주민등록번호의 역사와 문제점에 대해서는 김민호, 〈정보사회에서 주민등록제도와 개인식별번호체계의 공법적 쟁점〉, 《공법연구》(한국공법학회), 제40집 제1호(2011), 359면 이하 및 370면 이하 참조.

지칭할 수 있는지, 그러한 번호에 개인을 식별할 수 있는 정보가 포함될 수 있는지, 본인이 원하거나 그럴 객관적 필요성이 있는데도 고유식별번호의 변경을 불가능하게 하는 것이 타당한지 등이 문제가 될 수 있다.

2. 지문날인제도

시장 · 군수 또는 구청장은 관할 구역에 주민등록이 된 주민 가운데 17세 이상인 사람에 대하여 '주민등록증'을 발급하는데(주민등록법 제24조 제1항)[106] 주민등록증에는 ① 성명, ② 사진, ③ 주민등록번호, ④ 주소, ⑤ 지문(指紋), ⑤ 발행일, ⑥ 주민등록기관이 수록된다(동법 동조 제2항).[107] 이러한 주민등록증은 개인의 신원을 확인하는 '신분증'[108]으로 활용되는데 주민등록증을 발급받을 나이가 된 자는 시장 · 군수 또는 구청장에게 주민등록증의 발급을 신청하여야 한다(동법 동조 제3항). 주민등록법 시행령에 따르면 시장 · 군수 또는 구청장은 주민등록증을 발급하려면 그 발급대상자에게 12개월 이상의 신청기간을 정하여 통지하여야 한다(동시행령 제36조 제1항). 그리고 주민등록증 발급통지를 받은 사람은 발급신청기간 내에 본인이 직접 주민등록이 되어 있는 시 · 군 · 자치구의 관계 공무원에게 사진(6개월 이내에 촬영한 가로 3센티

106 '주민등록법 시행령'에 따르면 ① 주민등록증의 규격은 가로 8.6센티미터, 세로 5.4센티미터로 하고, ② 주민등록증의 앞면에는 성명 · 사진 · 주민등록번호 · 주소 · 발행일 · 주민등록기관 및 혈액형(수록하는 경우에만 표기), ③ 주민등록증의 뒷면에는 지문 및 주소변동사항을 표기하며, ④ 사진은 주민등록증의 앞면 우측 상단에 수록하되, 반명함판 크기의 규격으로 한다(동시행령 제37조 제1항). 주민등록증제도의 변천에 대해서는 김상겸, 〈현행 주민등록증의 문제점과 전자주민증 도입에 관한 헌법적 연구〉, 《공법학연구》(한국비교공법학회), 제12권 제2호(2011), 107면 이하 참조.

107 혈액형의 경우에는 주민의 신청이 있으면 추가로 수록할 수 있다(주민등록법 제24조 제2항 단서).

108 신분증제도는 개인의 신원을 확인하는 목적 외에도 과세자료의 확보, 사회보장서비스 불법수급자의 근절, 불법체류자(미등록 외국인 노동자)의 억제, 테러리스트의 색출 등 다양한 목적을 위해서 활용되는데 세계 각국이 신분증제도를 도입하려는 목적에 대한 자세한 논의로 로빈 터지(R. Tudge)/추선영 역, 《감시사회, 안전장치인가, 통제도구인가?》(2013), 122면 이하 참조. 세계 각국의 신분증제도를 폭넓게 검토한 터지의 결론은 명료하다. "대형마트는 고객의 충성심을 끌어내기 위해 카드를 활용하고 정부는 복종을 강요하기 위해 카드를 활용한다." 같은 책, 122면.

미터, 세로 4센티미터 또는 가로 3.5센티미터, 세로 4.5센티미터의 탈모상반신 사진) 1장을 제출하고 본인임을 밝힌 후, 그 공무원 앞에서 정해진 서식에 따른 '주민등록증 발급신청서'(오른쪽 면 참조)에 지문을 찍어 신청하여야 한다(동법 동조 제2항). 이처럼 주민등록증을 발급받기 위해서는 열 손가락의 지문을 날인함으로써 홍채(iris)나 디엔에이(DNA)처럼 중요한 생체정보에 속하는 지문정보를 국가에 제공해야 한다는 점에서 이러한 생체정보의 수집이 정당화될 수 있는지가 문제될 수 있다.

3. 주민등록번호의 제시의무

많은 법령에서 주민등록번호의 제시를 의무화하고 있다. 이에 따라 주민등록번호가 없는 사람은 일상생활에서 극심한 불편을 겪을 수밖에 없다. 예컨대 여권법에 따라 여권에 수록되는 정보로 ① 여권의 종류, 발행국, 여권번호, 발급일, 기간만료일과 발급관청, ② 여권의 명의인(名義人)의 성명, 국적, 성별, 생년월일, 주민등록번호와 사진이 포함되기 때문에(동법 제7조 제1항) 주민등록번호는 반드시 여권에 기재되어야 한다. 또한 기부금품의 모집 및 사용에 관한 법률에 따라 1천만원 이상의 금액으로서 법령으로 정하는 금액 이상의 기부금품을 모집하려는 자는 '모집 · 사용계획서'를 작성하여 행정자치부장관 또는 특별시장 · 광역시장 · 도지사 · 특별자치도지사에게 등록하여야 하는데 이러한 모집 · 사용계획서에는 ① 모집자의 성명, 주소, 주민등록번호 및 연락처(모집자가 법인 또는 단체인 경우에는 그 명칭, 주된 사무소의 소재지와 대표자의 성명, 주소, 주민등록번호 및 연락처), ② 모집목적, 모집금품의 종류와 모집목표액, 모집지역, 모집방법, 모집기간, 모집금품의 보관방법 등을 구체적으로 밝힌 모집계획(이 경우 모집기간은 1년 이내), ③ 모집비용의 예정액 명세와 조달방법, 모집금품의 사용방법 및 사용기한 등을 구체적으로 밝힌 모집금품 사용계획, ④ 모집사무소를 두는 경우에는 그 소재지, ⑤ 그 밖에 대통령령으로 정하는 기부금품의 모집에 필요한 사항이 포함되어야 하므

■ 주민등록법 시행령 [별지 제30호서식]<개정 2011.8.29>

주민등록증 발급신청서

※ 뒤쪽의 유의사항과 작성방법을 읽고 작성해 주시기 바라며, [ ]에는 해당되는 곳에 √표를 합니다. (앞쪽)

접수번호	접수일	처리기간 즉시

사진(남자) (3cm×4cm 또는 3.5cm×4.5cm)	성명(한글)	성명(한자)	사진(여자) (3cm×4cm 또는 3.5cm×4.5cm)
	주민등록번호	세대주 성명	
	주소		
	등록기준지		
	혈액형	특수기술	
	전화번호	휴대전화번호	

신청내용	주민등록증 발급신청 확인서	[ ]교부	[ ]미교부
	주민등록증 수령방법	[ ]주민등록기관 방문	[ ]등기우편
	주민등록증 수령안내 SMS 서비스	[ ]신청	[ ]미신청
	등기우편 수령 주소 (우 -)		

본인 확인	담당 공무원	통장·이장	가족	소명 관계 서류

[ ] 인터넷상 개인식별번호(I-PIN) 발급신청	식별이름(ID)1	식별이름(ID)2	전자우편

위와 같이 주민등록증의 발급을 신청합니다.

년 월 일

신청인 (서명 또는 인)

읍·면·동장 및 출장소장 귀하

왼손 회전 지문 (각 빈칸의 크기 : 가로 4㎝ × 세로 3㎝)				
둘째 손가락	셋째 손가락	넷째 손가락	다섯째 손가락	첫째(엄지) 손가락

오른손 회전 지문 (각 빈칸의 크기 : 가로 4㎝ × 세로 3㎝)				
둘째 손가락	셋째 손가락	넷째 손가락	다섯째 손가락	첫째(엄지) 손가락

왼손 엄지 평면	왼손 4지 평면 (빈칸 크기 : 가로 7.1㎝ × 세로 5.5㎝)	오른손 4지 평면 (빈칸 크기 : 가로 7.1㎝ × 세로 5.5㎝)	오른손 엄지 평면

(뒤쪽)

첨부서류	1. 본인 사진 1장 가. 6개월 이내에 촬영한 탈모(脫帽) 상반신 사진(3㎝×4㎝ 또는 3.5㎝×4.5㎝)이어야 합니다. 나. 주민등록증 발급신청 확인서를 발급받으려는 경우에는 사진을 2장 첨부해야 합니다. 2. 학생증이나 국가·지방자치단체 또는 공공기관에서 발급한 증명서(사진이 부착된 것이어야 합니다)	수수료 없음

유의사항

1. 본인이 직접 발급신청을 해야 하며, 해당 발급기일 내에 발급신청서를 제출해야 합니다.
2. 본인이 아니거나 이중으로 발급신청을 하게 되면 지문에 의해 그 사실이 판명되며, 이 경우 3년 이하의 징역 또는 1천만원 이하의 벌금형을 받게 됩니다(「주민등록법」 제37조).
3. "주민등록기관 방문" 수령을 선택한 경우에는 신청 후 3년 내에 주민등록증을 찾아가시기 바랍니다. 3년이 지나도 찾아가지 않은 주민등록증은 파기됩니다. 또한, 주민등록증 신청 후 주민등록지가 변경되어 변경된 주민등록지에서 받기를 희망하는 경우 변경된 주민등록기관에서 주민등록증을 수령할 수 있습니다.
4. "등기우편" 수령을 원하는 사람은 신청할 때 등기우편료를 납부하셔야 하며, 최초 발송일부터 5일 이내 3회 발송을 했음에도 신청인의 사정으로 주민등록증을 받지 못한 경우에는 신청인이 직접 발급신청기관을 방문해 주민등록증을 찾아가셔야 합니다.
5. 등기우편으로 발송한 주민등록증을 신청인이 아닌 다른 사람이 대리 수령해 발생한 사고에 대해서 발급신청기관은 책임이 없음을 알려드립니다.
6. 제출하신 사진으로 본인임을 확인하기 곤란한 경우 발급기관은 신청인에게 보완을 요구할 수 있습니다.

작성방법

1. 앞쪽 중 "담당 공무원"란과 "소명 관계 서류"란은 비워둔 채로 제출해야 합니다.
2. 모든 항목은 검정색 볼펜이나 잉크가 나오는 필기구를 사용해 한글로 기재하고, "한자"라고 표시된 항목만 한자로 기재해야 합니다.
3. "등기우편" 수령을 선택한 경우에는 "등기우편 수령 주소"란에 기재된 주소로 주민등록증이 발송되므로 주소를 정확하게 기재해야 하며, 주민등록증을 등기우편으로 발송했을 때 SMS 안내를 받고자 하는 경우에는 반드시 휴대전화번호를 기재해 주시기 바랍니다.
4. "통장·이장"란과 "가족"란은 신청인이 본인임을 확인하기 위해 학생증이나 국가·지방자치단체 또는 공공기관에서 발급한 증명서(사진이 부착된 것이어야 합니다)를 제시할 수 없는 경우에만 작성하는 난입니다. "가족"란은 17세 이상의 같은 세대원, 배우자, 직계혈족 또는 형제자매가 신분증명서를 지참해 동행한 경우에 동행자와 신청인과의 관계를 기재합니다.
5. "인터넷상 개인식별번호(I-PIN) 발급신청"을 선택한 경우에는 반드시 식별이름(ID), 전자우편, 그리고 휴대전화번호를 기재해 주시기 바랍니다.

로(동법 제4조 제1항) 기부금품의 모집을 위한 등록에서도 주민등록번호의 제시가 필수적이다. 이처럼 많은 법령에서 주민등록번호의 제시를 의무화하여 국가는 주민등록번호의 발급을 강제할 뿐만 아니라 일상생활의 수많은 영역에서 주민등록번호의 사용까지 강제하고 있다. 여기서 주민등록번호의 발급은 행정적 필요 때문에 불가피하더라도 주민등록번호의 제시가 의무화되는 영역을 최소화할 필요성이 제기된다.

III. 주민등록제도의 법적 쟁점과 대안

1. 번호에 의한 호명가능성

사람은 누구나 고유한 인격의 징표인 이름(성명)을 가지고 있고, 그 이름으로 호명(지칭)되는데 주민등록번호는 이를 대체하여 개인을 호명하는 수단이 된다. 하지만 일반적으로 이름이 아니라 번호로 호명되는 대상은 사람이 아니라 물건이다. 따라서 사람을 숫자로 호명한다는 것은 사람도 여러 숫자의 조합으로 구성된 바코드가 찍힌 상품들처럼 물건으로 취급된다는 것을 의미한다. 물론 학교에서도 모든 학생에게 고유번호(출석번호 또는 학번)가 부여되어 번호로 호명되고, 군대나 교도소에서도 고유번호(군번 또는 수인번호)를 통해 호명되는 것이 현실이다. 건강보험증이나 은행통장 또는 휴대전화에도 고유번호가 있어 그것을 소지한 사람을 식별하는 고유번호가 되기도 한다. 고유번호는 의미 있는 문서나 증서 또는 물건을 식별할 수 있는 훌륭한 수단이기 때문에 그런 것들에 번호가 부여되면, 그것을 소지한 사람까지도 식별할 수 있는 수단이 된다. 따라서 의미 있는 문서나 증서 또는 물건에 고유번호를 부여하고, 이를 통해 그것을 소지한 사람도 간접적으로 해당 번호로 식별되는 것은 불가피한 측면이 있다. 하지만 특정인에게 고유한 번호가 부여되어 사람이 직접적으로 번호로 호명되는 것은 엄격하게 제한될 필요가 있다. 고유한 인격을 가진 사람은 어떠한 물건이나 동물에게도 붙여질 수 있는 번호가 아니라 인격적 고유성을 담은 이름으로 호명되어야 하기 때문이다. 학번이나 군번 또는 수인번호(囚人番號)는 대표적으로 사람에게 고유번호를 부여하여 사람을 직접적으로 번호로 호명하는 것이다. 개인의 인격적 징표인 이름만큼 집단의 질서를 위한 번호가 요구되는 군대나 감옥과 같은 경우에는 이름과 함께 번호에 의한 호명이 허용되어야 하는 불가피한 사정이 있다고 보인다. 주민등록번호의 경우에는 주민등록증에 부여된 번호가 아니라 사람에게 직접적으로 부여된 번호라는 점, 그렇지만 공동체의 질서를 유지하기 위하여 불가피하게 요구되지는 않는다는 점에서 문제가 있다. 따라서 주민등록번호는 굳이 필요하다면 개인에게 부여되는 고유번호가 아니라 주민등록증에 부여되는 증서번호로 변경될 필요가 있다.

2. 주민등록번호의 유일무이성과 변경불가능성

개인을 식별하는 번호인 주민등록번호는 한 사람이 오직 하나만을 가질 수 있고 평생 동안 변경이 불가능한 번호이기 때문에[109] 개인을 식별하는 매우 확실한 수단이다. 이처럼 주민등록번호는 해당 개인만이 알고 있어야 하는 번호이므로 이 번호를 제시한다는 것은 본인을 확인해 주는 명백한 증거다. 하지만 최근에 주민등록번호가 유출되어 본인 외의 사람들이 주민등록번호를 알게 되는 경우가 종종 발생한다. 법령에서 주민등록번호의 제시를 의무화한 경우가 많고, 일상적인 거래에서도 많은 경우에 주민등록번호의 제시를 요구하고 있어 주민등록번호의 유출이 빈번하게 발생할 수 있는 가능성이 높은 것이 현실이기 때문이다. 문제는 이렇게 주민등록번호가 유출되어 타인이 알게 되어도 변경할 수 없다는 점이다. 주민등록번호는 본인만이 알 수 있

109 주민등록번호의 '변경'은 불가능하지만 '정정'은 가능하다. 정정이 허용되는 사유로는 ① 가족관계등록신고 등에 따라 주민등록표를 정리하여 주민등록사항을 정정한 결과 주민등록번호를 정정하여야 하는 경우, ② 주민으로부터 주민등록번호 오류의 정정신청을 받은 경우, ③ 주민등록번호에 오류가 있음을 발견한 경우가 있다(주민등록법 시행령 제8조 제1항).

다는 전제에서 출발하기 때문에 굳이 주민등록번호가 부여된다고 하여도 타인이 알게 된 경우에는 변경할 수 있는 예외가 인정될 필요가 있다.

3. 주민등록번호에 포함된 개인정보

주민등록번호의 앞 여섯 자리는 '생년월일'을 표시하고, 뒤 일곱 자리 중 앞의 다섯 자리는 '성별'과 출생신고가 된 '지역'을 표시함으로써 주민등록번호는 연령, 성별, 출신지역과 같은 해당 개인의 중요한 개인정보를 포함하게 된다. 따라서 주민등록번호가 유출되는 경우에 해당 개인의 개인정보가 함께 유출되는 결과를 초래한다.[110] 주민등록번호의 부여 자체를 반대하지 않는 경우에도 주민등록번호에 개인정보를 포함시키는 것에 대해서는 반대하는 견해가 많다. 이에 따라 생년월일이나 성별과 같은 개인정보를 포함시키지 않은 채 일련의 숫자로 조합하여 주민등록번호를 부여하는 대안이 제시되기도 한다. 그 밖에도 주민등록번호와 같은 독립적인 고유식별정보를 부여하지 않더라도 여권번호나 운전면허증번호 또는 건강보험증번호와 같은 대체번호로 개인의 신원을 충분히 확인할 수 있는 대체 방안도 제시된다.

4. 지문날인제도

주민등록증에는 지문이 수록되고, 주민등록증 발급신청서에는 열 손가락의 회전지문(돌려 찍는 지문)과 평면지문(눌러 찍는 지문)을 찍어야 한다. 여기서 지문날인이 강제될 수 있는지, 특히 모든 국민에게, 그것도 열 손가락의 지문에 대한 날인이 강제될 수 있는지가 문제될 수 있다.[111] 지문은 중요한 생체정

---

110 주민등록번호의 강제적 부여가 개인정보자기결정권을 침해한다는 견해로 이희훈, 〈주민등록번호에 대한 헌법적 고찰 — 개인정보자기결정권의 침해를 중심으로〉, 《토지공법연구》(한국토지공법학회), 제37집 제1호(2007), 390면 이하 참조.

111 지문날인제도의 문제점에 대해서는 김승환, 〈열 손가락 지문 강제날인 제도와 관련한 쟁점들 — 헌법재판소 2005. 5. 26. 선고 99헌마513,2004헌마190(병합)〉, 《민주법학》(민주주의법학연구회), 제28호(2005), 224면 이하; 명재진, 〈지문강제날인제도의 헌법적 문제점과 헌법의 세계화 — 영미의 논의를 중심으로〉, 《세계헌법연구》(세계헌법학회 한국학회), 제14권 제3호(2008), 149면 이하;

보로서 범죄 발생 시에는 수사 목적으로, 그리고 사고 발생 시에는 신원확인 수단으로 활용되고 있다. 따라서 모든 국민에게 지문날인을 강요하는 것은 모든 국민을 잠재적 범죄자로 취급한다는 비판과 함께, 최근에는 과학기술의 발전으로 DNA감식을 통한 신원확인을 가능하게 만들었다는 점에서 지문날인을 강제할 필요가 없다는 주장이 제기된다.

그런데 헌법재판소는 "지문날인제도가 범죄자 등 특정인만이 아닌 17세 이상 모든 국민의 지문정보를, 그것도 한 손가락만이 아니라 열 손가락 모두의 지문정보를 수집하여 보관하도록 한 것은 신원확인기능의 효율적인 수행을 도모하고, 신원확인의 정확성 내지 완벽성을 제고하기 위한 것으로"[112] 목적의 정당성을 인정한다. 또한 "범죄자 등 특정인의 지문정보만 보관해서는 17세 이상 모든 국민의 지문정보를 보관하는 경우와 같은 수준의 신원확인 기능을 도저히 수행할 수 없"는 점, "한 손가락만의 지문정보를 수집하는 경우 그 손가락 자체의 손상, 세월의 경과나 사고발생으로 인한 지문의 손상 등으로 인하여 한 손가락만의 지문정보로는 신원확인이 불가능하게 되는 경우가 흔히 발생할 수 있을 뿐만 아니라, 그 정확성 면에 있어서도 열 손가락 모두의 지문을 대조하는 것과 비교하기 어렵다"는 점, "다른 여러 신원확인수단 중에서 정확성 · 간편성 · 효율성 등의 종합적인 측면에서 현재까지 지문정보와 비견할만한 것은 찾아보기 어렵다"는 점을 들어 피해의 최소성도 충족했다고 본다.[113] 그리고 지문날인제도로 "정보주체가 현실적으로 입게 되는 불이익은 그다지 심대한 것으로 보기 어렵다"는 점, "각종 신원확인의 목적을 위하여 이용함으로써 달성할 수 있게 되는 공익이 그로 인한 정보주체의

이희훈, 〈주민등록법상 지문날인제도의 위헌성에 대한 연구 — 헌법재판소 2005. 5. 26. 99헌마513 · 2004헌마190(병합)결정에 대한 비판을 중심으로〉, 《외법논집》(한국외국어대학교 법학연구소), 제31권(2008), 279면 이하; 김일환, 〈주민등록법상 지문정보의 목적 외 이용에 대한 헌법적 고찰〉, 《공법연구》(한국공법학회), 제41집 제1호(2012), 89면 이하 참조.

112 헌재 2005. 5. 26. 99헌마513 등, 판례집 17-1, 668, 691면 참조.

113 헌재 2005. 5. 26. 99헌마513 등, 판례집 17-1, 668, 692면 이하 참조.

불이익에 비하여 더 크다"는 점, 분단국가인 우리나라에서 "국가안보차원에서 국민의 정확한 신원확인의 필요성이 크다는 점"을 들어 법익의 균형성도 충족했다고 판단한다.[114]

하지만 신원확인의 필요성, 특히 국가안보차원의 신원확인 필요성이 가지는 중대성과 시급성에 대한 논증 없이 17세 이상인 모든 국민의 열 손가락 지문정보를 수집해야 한다는 주장에는 여전히 의문이 제기될 수밖에 없다. 신원확인이 필요한 범죄나 사고가 모든 국민에게 발생할 수 있다는 논거에는 과장된 예측이 포함되어 있고, 오히려 최근에는 유전자(DNA)를 통한 신원확인이 훨씬 정확하고 간편하다는 점에서 범죄나 사고가 발생했을 때 관련 당사자의 유전자만 감식해도 충분하며, 국가안보를 위하여 모든 국민의 지문을 수집해야 한다는 논리는 지나친 비약이다. 따라서 17세 이상인 모든 국민의 열 손가락 지문정보를 수집하는 현행 제도는 개인정보자기결정권을 과도하게 침해한다고 볼 수밖에 없다.[115]

---

114 헌재 2005. 5. 26. 99헌마513 등, 판례집 17-1, 668, 693면 참조.

115 여기서 현행 지문날인제도가 기본권을 침해한다는 소수견해에 주목할 필요가 있다. 헌재 2005. 5. 26. 99헌마513 등, 판례집 17-1, 668, 700면 이하: "수사상의 목적을 위해서라면 이미 법질서를 침해한 바 있거나 앞으로 반규범적 행위를 할 개연성이 있는 범죄의 전력이 있는 자나 성향을 가진 자의 지문정보를 수집, 보관하고 이를 후일 범죄수사에 활용할 수 있을 것이다. 또 범죄현장에 남겨진 다른 증거물이나 범죄혐의자와 관련된 사람들에 대한 탐문조사, 기타 과학적 수사방법을 통하여 범인의 신원확인을 할 수도 있을 것이다. 대형사고나 변사자의 신원도 그러한 사고가 발생한 때에 치아나 유전자감식 등 다른 대체수단을 활용하여 확인할 수도 있을 것이다. 그럼에도 그런 전력이 없는 모든 일반 국민의 주민등록증발급신청의 기회에 열 손가락의 회전지문과 평면지문 일체를 수집, 보관, 전산화하고 있다가 이를 그 범위, 대상, 기한 등 어떠한 제한도 없이 일반적인 범죄수사목적 등에 활용하는 것은 개인정보자기결정권에 대한 최소한의 침해라고 할 수 없다. … 그리고 전 국민을 대상으로 하는 지문정보는 위와 같은 구체적인 범죄수사를 위해서 뿐 아니라 일반적인 범죄 예방이나, 범죄정보수집 내지는 범죄 예방을 빙자한 특정한 개인에 대한 행동의 감시에 남용될 수 있어 법익균형성도 상실될 우려가 있다. 지문정보가 신원확인에 효율적인 유용한 수단이므로 신원확인의 정확성 내지 완벽성을 제고하기 위하여는 무제한적인 지문정보의 수집, 보관, 전산화, 이용행위라도 타당성이 인정된다는 견해는 행정의 편의성을 국민의 기본권보다 앞세운 발상이다. 공권력행사의 남용가능성이 존재한다면, 기본적 인권을 최대한 보장하기 위하여 그 공권력행사가 법률유보의 원칙과 과잉금지의 원칙에 입각하여 이루어지도록 엄격하게 규율할 필요가 있는 것이다."

5. 주민등록번호의 수집과 처리

주민등록번호는 개인을 식별할 수 있는 중요한 정보라는 점에서 국가나 기업이 주민등록번호를 수집하거나 처리하는 행위는 제한될 필요가 있다. 이에 따라 개인정보 보호법은 개인정보처리자에게 주민등록번호의 처리를 원칙적으로 금지하면서 ① 법령에서 구체적으로 주민등록번호의 처리를 요구하거나 허용한 경우, ② 정보주체 또는 제3자의 급박한 생명, 신체, 재산의 이익을 위하여 명백히 필요하다고 인정되는 경우 또는 ③ 이에 준하여 주민등록번호 처리가 불가피한 경우로서 법령으로 정하는 경우에만 예외적으로 허용하고 있다(동법 제24조의2 제1항). 또한 이 법률 시행 당시 주민등록번호를 처리하고 있는 개인정보처리자는 이 법률의 시행일(2014년 8월 7일)로부터 2년 이내에 보유하고 있는 주민등록번호를 반드시 파기하도록 의무화하고 있다(동법 부칙 제2조).

한편 주민등록번호의 수집과 처리가 반드시 필요한 경우가 아니라면 주민등록번호를 대체할 수 있는 개인식별번호의 제공만으로 충분할 수 있어야 한다. 최근에 온라인용 고유번호인 아이핀(i-Pin)번호나 오프라인용 고유번호인 마이핀(my-Pin)번호, 건강보험증번호 또는 주민등록증 발급번호와 같은 대체적 개인식별번호에 대한 논의가 활발하게 진행되고 있다. 특히 국가가 법령으로 주민등록번호의 제시를 의무화하고 있는 사항을 가능하면 축소하여 한국사회에 만연된 '주민등록번호 강박증'을 제도적으로 개선할 필요성이 있다. 또한 불가피하게 주민등록번호를 수집하여 처리할 수밖에 없다면 수집된 주민등록번호를 안전하게 보관하는 것이 중요하기 때문에 이러한 보관의 안정성을 확보하기 위하여 주민등록번호의 '암호화'가 요구된다. 이에 따라 개인정보 보호법은 개인정보처리자에게 고유식별정보를 처리하는 경우에는 그 고유식별정보가 분실 · 도난 · 유출 · 변조 또는 훼손되지 않도록 암호화 등 안전성 확보에 필요한 조치를 해야 할 의무를 부과하고 있다(동법 제24조 제3항). 특히 주민등록번호의 경우에는 분실 · 도난 · 유출 · 변조 또는 훼손되지 않도록 암호화 조치를 통하여 안전하게 보관해야 할 의무를 개인정보처리자에게 부과하여(동법 제24조의2 제2항) 2016년 1월 1일부터 시행되도록 하였다.

제8장 통신감시

I. 통신감시의 개념과 유형

감청기술의 발달로 다양한 통신수단을 이용한 통신활동에 대한 감시가 빈번하게 이루어지고 있다. 종래의 통신수단이 편지(서신)와 유선전화 정도였다면 현재는 최첨단 정보통신기술에 기반한 인터넷과 무선전화가 중요한 통신수단이 되고 있다. 이에 따라 과거에는 통신에 대한 감시가 편지에 대한 검열이나 유선전화에 대한 감청에 국한되었던 반면에 최근에는 이메일감시, 휴대전화감청, 패킷감청, 통신자료 또는 통신사실확인자료에 대한 제공요구, 사회관계망서비스(SNS)감시 등으로 점차 확대되고 있다.

1. 우편물의 검열

통신(communication)은 의견이나 소식 또는 정보를 주고받는 행위로서 편지, 엽서, 소포, 전화, 팩스, 문자메시지, 메신저, 이메일 등의 다양한 통신수단을 이용하여 이루어진다. 통신비밀보호법에 따르면 통신은 ① '우편물'과 ② '전기통신'으로 크게 구분되고, 우편물은 다시 '통상우편물'과 '소포우편물'로 나뉜다(동법 제2조 제1호 및 제2호). 통상우편물과 소포우편물에 대해서는 우편법이 정의하고 있는데 전자는 "서신(書信) 등 의사전달물, 통화(송금통지서를 포함한다) 및 소형포장우편물"을 뜻하고, 후자는 통상우편물 외의 물건을 포장한 우편물을 의미한다(동법 제1조의2 제1호 및 제2호). 이러한 우편물에 대한 감시를 의미하는 '검열'은 "우편물에 대하여 당사자의 동의 없이 이를 개봉하거나 기타의 방법으로 그 내용을 지득 또는 채록하거나 유치하는" 행위로 정의된다(통신비밀보호법 제2조 제6호). 우편물을 뜯어 그 안에 들어 있는 문서나 물건의 내용을 들여다보고 알아내는 행위로 정리할 수 있는 이와 같은 우편물 검열은 통신에 대한 대표적인 감시행위에 해당한다. 수용자가 주고받는 서신에 대한 검열에서 잘 나타나듯이[116] 서신검열은 관리와 통제의 성격이 강하기 때문이다.

2. 전기통신의 감청

여러 가지 통신수단들 가운데 전자적 방식을 이용한 통신수단이 정보통신기술의 비약적인 발달로 다양해지고 있다. 전자적 방식의 통신수단을 사용하는 통신행위를 '전기통신'으로 지칭하는 통신비밀보호법은 이것을 "전화·전자우편·회원제정보서비스·모사전송·무선호출 등과 같이 유선·무선·광선 및 기타의 전자적 방식에 의하여 모든 종류의 음향·문언·부호 또는 영상을 송신하거나 수신하는" 행위로 정의한다(동법 제2조 제3호). 이에 따라 유선전화나 무선(휴대)전화를 이용한 통신행위뿐만 아니라 팩스, 전자우편(이메일), 인터넷, 메신저를 이용한 통신행위도 전기통신에 포함된다. 모든 전기통신에 대한 감시를 '감청'으로 지칭하고 있는 통신비밀보호법에 따르면 감청은 "전기통신에 대하여 당사자의 동의 없이 전자장치·기계장치 등을 사용

---

116 수용자가 주고받는 서신의 내용에 대한 검열을 원칙적으로 금지하고 있는 형의 집행 및 수용자의 처우에 관한 법률은 ① 서신의 상대방이 누구인지 확인할 수 없는 때, ②「형사소송법」이나 그 밖의 법률에 따른 서신검열의 결정이 있는 때, ③ 수형자의 교화 또는 건전한 사회복귀를 해칠 우려가 있거나 시설의 안전 또는 질서를 해칠 우려가 있는 내용이나 형사 법령에 저촉되는 내용이 기재되어 있다고 의심할 만한 상당한 이유가 있는 때, ④ 대통령령으로 정하는 수용자 간의 서신인 때에는 예외적으로 서신검열을 허용한다(동법 제43조 제4항).

하여 통신의 음향 · 문언 · 부호 · 영상을 청취 · 공독하여 그 내용을 지득 또는 채록하거나 전기통신의 송 · 수신을 방해하는 것"으로 정의된다(동법 동조 제7호). 이처럼 당사자의 동의 없이 전기통신의 내용을 몰래 엿듣거나 훔쳐보는 감청도 통신내용을 들여다본다는 점에서 우편물에 대한 검열과 다르지 않고, 우편물 검열과 함께 대표적인 감시행위에 해당한다.

3. 패킷감청

인터넷을 이용하여 전송되는 문서나 그림과 같은 데이터(파일)를 중간에서 가로채는 패킷감청도 감시의 형태로서 문제가 된다.[117] 패킷(packet)은 데이터를 전송하는 데 적절하도록 구분한 단위를 의미하는데 패킷감청은 전송되는 데이터 전체를 실시간으로 훔쳐볼 수 있다는 것이 특징이다. 데이터가 음성파일인지 영상파일인지 또는 문서파일인지에 따라 전기통신에 대한 감청의 성격을 가질 수도 있고 우편물에 대한 검열의 성격을 가질 수도 있다. 하지만 통신비밀보호법은 전자적 방식에 의한 모든 종류의 데이터(음향 · 문언 · 부호 또는 영상)를 송 · 수신하는 것에 대하여 감시하는 행위를 '감청'으로 규정하고(동법 제2조 제3호 및 제7호), 대법원은 통신비밀보호법에서 금지하고 있는 감청의 대상을 '현재 진행중인 전기통신'으로 한정하고 있어[118] 인터넷으로 전송되는 데이터를 실시간으로 훔쳐보는 패킷감청은 감청의 성격을 갖는다고 볼 수 있다. 다만 대법원의 해석대로 이미 수신이 완료된 전기통신은 감청의 대상이 될 수 없어 전자우편을 검열의 대상인 우편물로 규정하게 된다면 문서파일에 대한 패킷감청은 검열의 성격을 가질 수도 있다.

---

117 패킷감청의 법적 문제에 대한 자세한 논의는 권양섭, 〈인터넷 패킷감청의 허용가능성에 관한 고찰〉, 《법학연구》(한국법학회), 제39권(2010), 177면 이하; 오길영, 〈국가정보원의 패킷감청론에 대한 비판 — 국가정보원 답변서에 대한 반박을 중심으로 한 위헌론의 기초이론〉, 《민주법학》(민주주의법학연구회), 제48권(2012), 341면 이하; 정승환, 〈'안전사회'와 수사절차〉, 《형사정책연구》(한국형사정책연구원), 제24권 제2호(2013), 94면 이하 참조.

118 대법원 2012. 11. 29. 선고 2010도9007 판결 참조; 감청의 대상이 되는 전기통신의 범위에 관한 논의는 이 책 제4장 III. 3.(65-66면) 참조.

〔참조〕 사생활 엿보는 '패킷 감청기'(경향신문, 2011년 9월 21일)

이명박 정부 출범 이후 인터넷을 통해 오간 이메일이나 파일, 채팅 등을 들여다볼 수 있는 데이터 감청장비(일명 패킷 감청기) 46대가 새로 도입된 것으로 나타났다. 특히 2년 전 패킷 감청 문제로 사생활 침해 논란이 불거진 이후 극히 제한적인 감청이 이뤄져야 한다는 여론이 높아졌음에도 불구하고 국가 기관들이 지난달까지도 꾸준히 패킷 감청기를 도입한 것으로 드러났다. 방송통신위원회가 21일 국회 문화체육관광방송통신위원회 소속 민주당 김재윤 의원에게 제출한 '감청설비 인가 현황' 자료에 따르면 정보 및 사정 당국이 도입한 패킷 감청기는 2009년 13대, 2010년 22대였고 올해는 지난달 23일 11대를 도입했다. 패킷 감청기 외 유선전화 감청 장비도 2008년 이후 현재까지 11대가 새로 도입됐다. 유선 감청 장비 도입이 상대적으로 적은 것은 최근의 감청기가 데이터와 음성을 함께 감청할 수 있는 다용도 감청기이고, 또 기존에 도입된 유선 감청기가 70대 정도 있기 때문인 것으로 전해졌다.

이런 도입 추세는 현 정부 출범 이전만 해도 각 국가기관 보유 패킷 감청기를 다 합쳐도 10대가 채 안 됐던 것과 비교해 급증세다. 방통위 자료는 통신비밀보호법에 따라 장비 제조 업체가 각 기관에 납품할 때 방통위에 신고한 내역이 집계된 것이다. 정치권에서는 패킷 감청기 대부분을 국가정보원이 보유한 것으로 보고 있다. 이와 함께 방통위는 패킷 감청기와 유선 감청기 등을 통해 지난해 1년 동안 8670개의 유선전화 또는 인터넷 아이디(ID)에 대한 통신감청이 이뤄졌다고 밝혔다. 기관별로는 국정원이 8391개의 전화 내용을 듣거나 데이터 통신을 들여다봤고 경찰이 227개, 군 수사기관이 48개, 검찰이 4개를 감청했다. 이미 이뤄진 통화 내역이나 인터넷 사용 내역을 조회한 건수도 23만 8869건에 달했다. 건당 다수의 전화번호나 ID를 조회한 경우가 많아 실제 대상은 몇 배 이상 더 늘어난다고 방통위 측은 설명했다. 또 가입자의 인적사항과 같은 단순 통신자료를 요구한 경우도 지난해 59만1049건이었다. 김 의원 측은 "이처럼 데이터 감청장비 도입이 급증한 것은 2009년부터 공안정국이 본격화된 것과 관련 있는 것은 아닌지 의심된다"며 "특히 최근 들어 인터넷 감청이 꾸준히 늘고 있다"고 지적했다.

방통위는 국정원 이외(국정원은 국회 정보위에 보유 현황을 비공개로 보고) 국가기관이 보유한 감청장비 현황도 밝혔다. 자료에서 대검찰청은 유리창을 향해 레이저를 쏴서 반사파로 대화 내용을 분석하는 '레이저 감청장비' 1대와 반경 15m 이내 대화를 들을 수 있는 계산기형 소형 감청장비 3대를 보유하고 있는 것으로 나타났다. 국방부 역시 10대의 유선 통신 감청장비를 갖고 있고, 관세청도 유선 인터넷 통신 내용을 볼 수 있는 'X-스트림' 1대를 보유하고 있다.

4. 통신사실 확인자료의 제공

전기통신의 감청이 통신의 '내용'에 대한 감시인 반면에 통신이 이루어진 시점과 위치와 같은 통신사실을 보여 주는 '통신사실 확인자료'의 감시는 통신의 시간과 장소 등 '형식'에 대한 감시를 의미한다. 통신비밀보호법에 따르면 통신사실 확인자료에는 ① 가입자의 전기통신일시, ② 전기통신의 개시 · 종료시간, ③ 발신 및 착신 통신번호 등 상대방의 가입자번호, ④ 사용도수, ⑤ 컴퓨터통신 또는 인터넷의 사용자가 전기통신역무를 이용한 사실에 관한 컴퓨터통신 또는 인터넷의 로그기록자료, ⑥ 정보통신망에 접속된 정보통신기기의 위치를 확인할 수 있는 발신기지국의 위치추적자료, ⑦ 컴퓨터통신 또는 인터넷의 사용자가 정보통신망에 접속하기 위하여 사용하는 정보통신기기의 위치를 확인할 수 있는 접속지의 추적자료가 포함된다(동법 제2조 제11호). 이처럼 통신사실 확인자료는 누가, 어떤 사람과, 언제, 어디서, 얼마 동안, 몇 번이나 통신했는지에 관한 정보를 제공해 주기 때문에 그 수집은 통신의 비밀을 제약하고, 통신행위에 대한 감시를 의미하게 된다.

5. 통신자료의 제공

전기통신에 대한 감시는 통신주체에 관한 정보를 열람함으로써도 행해질 수 있다. 전기통신사업법은 통신주체에 관한 정보를 "통신자료"로 지칭하면서 여기에 ① 이용자의 성명, ② 이용자의 주민등록번호, ③ 이용자의 주소, ④ 이용자의 전화번호, ⑤ 이용자의 아이디(컴퓨터시스템이나 통신망의 정당한 이용자임을 알아보기 위한 이용자 식별부호), ⑥ 이용자의 가입일 또는 해지일을 포함시키고 있다(동법 제83조 제3항). 이와 같이 통신자료는 통신주체를 식별할 수 있는 개인정보를 포함하고 있어 통신의 비밀에 관한 기본권뿐만 아니라 개인정보에 관한 기본권도 제한하게 된다. 또한 통신자료의 수집은 결국 '통신사실 확인자료'와 결합되어 누가, 누구와, 언제, 어디서 통화했는지에 대한 정보수집을 의미함으로써 통신활동 감시에 해당하게 된다.

6. SNS감시

사회관계망서비스(Social Network Service: 이하 'SNS'로 약칭)를 이용한 통신의 경우에 특정인과의 통신을 의미하는 일반적인 통신과 달리 불특정 다수인을 상대방으로 하여 의견이나 정보 또는 사진이나 동영상을 공개하기 때문에 당사자 외의 다른 사람에 대한 비공개성을 전제로 하는 통신의 비밀에 관한 기본권이 적용될 여지가 없어 보인다.[119] 하지만 이러한 공개된 의견이나 정보 또는 사진이나 동영상이 모아져 사후에 개인의 신원을 확인하는 이른바 '신상털기'에 활용될 수 있고, 이를 통하여 표현의 자유를 위축시킬 수 있기 때문에 특정 개인의 SNS 이용에 대한 감시는 문제가 될 수 있다. 이 문제를 해결하기 위한 방안으로 SNS에 올린 글을 본인이 원하면 언제라도 완전하게 삭제할 수 있거나 일정 기간이 지나면 자동으로 삭제되도록 요구할 수 있는 '잊혀질 권리(right to be forgotten)'가 제시되기도 한다.[120]

또한 비록 불특정 다수인이라고는 하지만 SNS에 올린 글을 읽을 수 있는 권한이 특정한 집단에게만 허용되어 있는 경우에는 그러한 집단에 속하지 않은 사람이 그 글을 읽거나 수집하는 행위는 문제가 된다. 특히 SNS에 대한 감시가 국가기관에 의하여 이루어지는 경우에 문제의 심각성은 커진다. 대통령 선거 기간 중에 벌어진 국가정보원 직원들의 조직적인 댓글 달기 사건에서 볼

---

119 물론 불특정다수인을 상대방으로 하는 SNS의 경우에도 이용하는 SNS의 시스템에 상대방을 제한할 수 있는 기능이 설정되어 있지 않아 이용자(user)가 예상할 수 있는 범위를 넘어, 예컨대 정보기관과 같은 원하지 않는 상대방이 정보를 수집하면 불특정다수인을 상대방으로 함에도 불구하고 이용자의 의사를 고려하여 통신의 자유를 침해했다고 볼 수도 있다.

120 '잊혀질 권리'에 대한 최근의 논의로 박정훈, 〈잊혀질 권리와 표현의 자유, 그리고 정보프라이버시〉, 《공법학연구》(한국비교공법학회), 제14권 제2호(2013), 569면 이하; 전영, 〈잊혀질 권리(Droit à l'oubli)에 대한 연구 — 프랑스법을 중심으로〉, 《헌법학연구》(한국헌법학회), 제19권 제2호(2013), 385면 이하; 정영화, 〈헌법상 정보 프라이버시로서 '잊혀질 권리'〉, 《법학논고》(경북대학교 법학연구원), 제39집(2012), 567면 이하; 조소영, 〈잊혀질 권리' — 정보의 웰다잉(well-dying)을 위한 법리 검토〉, 《공법연구》(한국공법학회), 제41집 제2호(2012), 433면 이하; 민윤영, 〈인터넷 상에서 잊혀질 권리와 「개인정보보호법」에 대한 비교법적 고찰〉, 《고려법학》(고려대학교 법학연구원), 제63호(2011), 287면 이하 참조.

수 있듯이 국가기관이 SNS에 올라온 글들을 감시하고, 심지어 일정한 정치적 목적을 달성하기 위하여 특정한 성향의 정치적 댓글을 달아 여론을 조작하는 경우에는 SNS에 대한 감시를 넘어 SNS에 대한 조종까지 의미할 수 있기 때문이다. 국가기관 소속 공무원들의 SNS활동 자체를 금지할 수는 없지만 그것이 특정한 정치적 목적을 가지고 조직적으로 이루어지는 경우에는 공무원의 정치적 중립성이나 선거개입금지를 위반하는 행위로서 처벌이 불가피하다.

[참조] 선거개입 국정원 직원들 면책 결정 '봐주기' 논란(연합뉴스, 2013년 6월 14일)

'국가정보원의 정치 · 대선 개입 의혹'과 관련, 검찰이 원세훈 전 국정원장 등 관련자들의 기소 및 수사결과를 발표하면서 그동안 베일에 싸였던 사건의 전모가 드러났다. 검찰은 이날 방대한 분량의 발표문을 통해 원 전 원장이 종북세력에 대한 그릇된 인식을 토대로 국정원 조직을 동원, 대선에 영향을 미쳤다고 결론 내렸다. 하지만 검찰은 원 전 원장을 제외하면 불법 선거개입에 가담한 국정원 직원들을 모두 기소유예, 면죄부를 안겨준 게 아니냐는 지적을 피하기 어렵게 됐다. 더욱이 국정원의 정치 · 대선 개입을 폭로한 '공익' 제보자는 재판에 넘겨 처벌을 구하는 결정을 내려 형평성 논란이 거세질 전망이다. 또한 국정원 심리전단의 정치 · 대선 개입 실상이 이번 수사를 통해 여실히 드러났는지에 대해서도 여전히 물음표는 남았다. 검찰이 원 전 원장의 '윗선' 여부에 대해서도 과연 철저하게 수사를 했는지도 여전히 풀리지 않은 의문점 중 하나이다.

검찰은 국정원 심리전단에서 벌어진 불법행위를 외부에 알린 전직 국정원 직원 정모씨와 김모씨에게 국정원직원법 조항을 적용해 불구속 기소했다. 국가정보기관의 내부정보를 유출한 혐의를 적용한 것이다. 반면 검찰은 '원장님 지시 · 강조 말씀'에 따라 조직적으로 정치 · 선거 개입을 실행한 이종명 전 국정원 3차장과 민모 심리전단장은 기소유예 처분했다. 대선 직전 불법 게시글 · 댓글 작업을 벌이며 이번 사건의 핵심 당사자로 부상했던 여직원 김모씨 등 심리전단 직원 3명, 외부조력자 이모씨도 기소유예됐고, 다른 심리전단 직원 약 70명은 모두 입건유예됐다. 검찰이 제보자는 처벌하면서도 불법을 저지른 이들은 모두 재량으로 불기소처분하고 책임을 묻지 않은 것이다. 검찰 관계자는 "이들(전직 직원)이 내부기밀을 유출할 때 정치적 이용 목적이 더 컸던 것으로 보인다. 순수 공익제보자라고 보기 어렵다"라고 설명했다. 심리전단 관계자들에 대해서는 "국정원 지시보고체계에 따라 범행한 만큼 그 정점에 있는 원 전 원장에게만 책임을 물었다"고 말했다. 하지만 내부 제보가 없었다면 민주당 등 야권의 문제제기나 검찰 수사도 불가능했다는 현실을 놓고 보면 사법처리 판단의 형평성과 정당성에 스스로 흠집을 냈다는 비난을 피하기 어려울 것으로 보인다.

국정원의 대선개입 의혹이 사실로 밝혀졌지만 여전히 확인되지 못한 국정원의 불법행위가 훨씬 많을 것이라고 보는 시각이 지배적이다. 검찰 수사가 경찰과 달리 실체에 상당히 접근했다고 볼 수 있지만 한계점도 노출했다는 것이다. 최초 사건 발생부터 검찰 수사까지 시간이 지연되면서 상당수의 디지털 증거가 증발해 버려 불법행위의 실제 규모를 파악하기에는 어려움이 있었다. 지난해 12월 11일 국정원 여직원의 댓글 의혹이 불거지고 야당이 고발에 나섰지만 김용판 전 서울경찰청장의 사건 축소·외압으로 인해 경찰 수사가 제대로 이뤄지지 못한 점이 실체적 진실 규명의 걸림돌로 작용했던 게 사실이다. 검찰은 4개월이나 시차가 벌어진 지난 4월 18일이 되어서야 경찰에서 사건을 넘겨받았다. 이 기간에 이미 '의심 아이디' 상당수는 사이트에서 탈퇴했고 글도 무단 삭제됐다. 검찰이 압수수색한 포털 다음의 아고라 사이트 서버에서는 지난해 7월 이후 작성한 의심 아이디 글들이 이미 모조리 지워진 상태였다. 검찰은 이를 국정원의 증거인멸 흔적으로 추정하고 있다. 검찰 수사관계자는 "여직원 사건 직후 경찰이 '오늘의 유머' 등 몇몇 사이트를 압수수색해 (확보해둔 자료 중에서) 선거관련 게시글을 일부 찾은 것"이라고 설명했다. 이 관계자는 "보안상 흔적을 남기지 않도록 교육받은 정보기관 요원들이 경찰 수사를 받기 시작해 장장 4개월이나 지날 때까지도 못 지운 게시글들을 검찰이 찾은 것"이라고 애써 강조했다.

검찰은 원 전 원장이 '종북세력 대응'을 명목으로 선거·정치개입을 지시하고 구체적 활동 내역을 보고받은 '몸통'이라고 판단했다. 원 전 원장이 불법 활동 내역을 '윗선'에 보고하고 논의하지 않았겠느냐는 의문에 대해 검찰은 "원 전 원장 본인이 부인하는데다 이를 입증할 증거를 찾지 못했다"며 선을 그었다. 하지만 원 전 원장은 이명박 전 대통령의 오랜 측근인데다 국정원장 자격으로 매주 금요일 이 전 대통령에게 주례보고를 했다. 이런 점에 비춰보면 원 전 원장이 청와대나 정치권과의 교감 없이 독단으로 선거개입 활동을 이끌었다고 보기에는 석연찮은 부분이 있다. 경찰 수사에 개입하고 대선 3일 전 축소·왜곡된 수사결과를 성급히 발표하도록 지시한 김용판 전 서울청장의 범행 의도에 대해서도 마찬가지로 의문이 남는다. 검찰은 김 전 청장에 대해서도 여야 정치인과 전화통화한 내역은 발견되지 않았다고 설명했다.

II. 통신감시의 법적 근거

1. 우편법

우편물에 대한 검열을 원칙적으로 금지하고 있는 통신비밀보호법은 ① 폭발물 등 우편금제품[121]이 들어 있다고 의심되는 소포우편물(이와 유사한 우편물

121 미래창조과학부장관은 건전한 사회질서를 해치거나 우편물의 안전한 송달을 해치는 물건(음

을 포함)을 개피하는 경우, ② 수취인에게 배달할 수 없거나 수취인이 수령을 거부한 우편물을 발송인에게 환부하는 경우, ③ 발송인의 주소 · 성명이 누락된 우편물로서 수취인이 수취를 거부하여 환부하는 때에 그 주소 · 성명을 알기 위하여 개피하는 경우, ④ 유가물이 든 환부불능우편물을 처리하는 경우에는 우편법에 따르도록 하고 있다(통신비밀보호법 제3조 제1항 제1호). 이에 따라 우편관서는 취급 중인 우편물의 내용이 우편법이나 같은 법 시행령으로 정한 규정을 위반한 혐의가 있으면 발송인이나 수취인에게 그 우편물의 개봉을 요구할 수 있고, 발송인이나 수취인이 개봉을 거부하였을 때 또는 발송인이나 수취인에게 그 개봉을 요구할 수 없을 때에는 우편관서의 장이 그 우편물을 개봉할 수 있다(우편법 제28조 제1항 및 제2항). 또한 발송인의 주소나 성명이 불분명하여 되돌려 보낼 수 없는 우편물은 그 주소 · 성명을 알기 위하여 필요한 경우에는 우편관서에서 이를 개봉할 수 있다(동법 제35조). 우편관서에서 취급 중인 서신의 비밀을 침해한 자는 형사처벌을 받고(동법 제51조 제1항), 우편업무에 종사하는 자가 같은 행위를 했을 경우에는 가중된 처벌을 받는다(동법 동조 제2항).

2. 통신비밀보호법

통신비밀보호법은 '범죄수사'와 '국가안보'를 목적으로 하는 경우에 검열과 감청, 즉 통신에 대한 감시를 허용하고 있다.[122] 우선 "범죄를 계획 또는 실행하고 있거나 실행하였다고 의심할만한 충분한 이유가 있고 다른 방법으로는 그 범죄의 실행을 저지하거나 범인의 체포 또는 증거의 수집이 어려운 경우"에 감청이 허용된다(동법 제5조 제1항).[123] 다음으로 "국가안전보장에 대한 상

란물, 폭발물, 총기 · 도검, 마약류 및 독극물 등으로서 우편으로 취급하는 것이 부적절하다고 인정되는 물건)을 "우편금지물품"으로 정하여 고시하여야 한다(우편법 제17조 제1항).

122 통신비밀보호법에서 허용하고 있는 통신감시의 문제점에 대한 논의로 문병효, 〈통신비밀보호법 개정안에 대한 비판적 고찰〉, 《토지공법연구》(한국토지공법학회), 제45집(2009), 507면 이하 참조.

123 통신에 대한 감시가 허용되는 범죄에는 다음과 같은 것들이 있다: ① 형법 제2편 중 제1장 내

당한 위험이 예상되는 경우에 한하여 그 위해를 방지하기 위하여 이에 관한 정보수집이 특히 필요한 때"에도 감청이 허용된다(동법 제7조 제1항). 이처럼 범죄수사와 국가안보를 목적으로 하는 통신에 대한 감시가 허용되기 때문에 우편물에 대한 검열뿐만 아니라 전화나 이메일에 대한 감청 및 패킷감청이 허용될 수 있다. 그 밖에도 "수사 또는 형의 집행을 위하여 필요한 경우"에는 통신사실 확인자료의 제공을 요청함으로써 통신에 대한 감시가 허용된다(동법 제13조 제1항). 검사나 사법경찰관 또는 정보수사기관의 장이 집행하는 통신제한조치 및 통신사실 확인자료의 제공요청에 대하여 전기통신사업자는 협조해야 하는 의무가 있다(동법 제15조의2 제1항).[124] 한편 법원도 "재판상 필

란의 죄, 제2장 외환의 죄 중 제92조 내지 제101조의 죄, 제4장 국교에 관한 죄 중 제107조, 제108조, 제111조 내지 제113조의 죄, 제5장 공안을 해하는 죄 중 제114조, 제115조의 죄, 제6장 폭발물에 관한 죄, 제7장 공무원의 직무에 관한 죄 중 제127조, 제129조 내지 제133조의 죄, 제9장 도주와 범인은닉의 죄, 제13장 방화와 실화의 죄 중 제164조 내지 제167조 · 제172조 내지 제173조 · 제174조 및 제175조의 죄, 제17장 아편에 관한 죄, 제18장 통화에 관한 죄, 제19장 유가증권, 우표와 인지에 관한 죄 중 제214조 내지 제217조, 제223조(제214조 내지 제217조의 미수범에 한한다) 및 제224조(제214조 및 제215조의 예비 · 음모에 한한다), 제24장 살인의 죄, 제29장 체포와 감금의 죄, 제30장 협박의 죄 중 제283조 제1항, 제284조, 제285조(제283조 제1항, 제284조의 상습범에 한한다), 제286조[제283조 제1항, 제284조, 제285조(제283조 제1항, 제284조의 상습범에 한한다)의 미수범에 한한다]의 죄, 제31장 약취(略取), 유인(誘引) 및 인신매매의 죄, 제32장 강간과 추행의 죄 중 제297조 내지 제301조의2, 제305조의 죄, 제34장 신용, 업무와 경매에 관한 죄 중 제315조의 죄, 제37장 권리행사를 방해하는 죄 중 제324조의2 내지 제324조의4 · 제324조의5(제324조의2 내지 제324조의4의 미수범에 한한다)의 죄, 제38장 절도와 강도의 죄 중 제329조 내지 제331조, 제332조(제329조 내지 제331조의 상습범에 한한다), 제333조 내지 제341조, 제342조[제329조 내지 제331조, 제332조(제329조 내지 제331조의 상습범에 한한다), 제333조 내지 제341조의 미수범에 한한다]의 죄, 제39장 사기와 공갈의 죄 중 제350조의 죄, ② 군형법 제2편 중 제1장 반란의 죄, 제2장 이적의 죄, 제3장 지휘권 남용의 죄, 제4장 지휘관의 항복과 도피의 죄, 제5장 수소이탈의 죄, 제7장 군무태만의 죄 중 제42조의 죄, 제8장 항명의 죄, 제9장 폭행 · 협박 · 상해와 살인의 죄, 제11장 군용물에 관한 죄, 제12장 위령의 죄 중 제78조 · 제80조 · 제81조의 죄, ③ 국가보안법에 규정된 범죄, ④ 군사기밀보호법에 규정된 범죄, ⑤「군사기지 및 군사시설 보호법」에 규정된 범죄, ⑥ 마약류관리에관한법률에 규정된 범죄중 제58조 내지 제62조의 죄, ⑦ 폭력행위등처벌에관한법률에 규정된 범죄 중 제4조 및 제5조의 죄, ⑧ 총포 · 도검 · 화약류등단속법에 규정된 범죄 중 제70조 및 제71조 제1호 내지 제3호의 죄, ⑨ 특정범죄가중처벌등에관한법률에 규정된 범죄 중 제2조 내지 제8조, 제10조 내지 제12조의 죄, ⑩ 특정경제범죄가중처벌등에관한법률에 규정된 범죄 중 제3조 내지 제9조의 죄, ⑪ 제1호와 제2호의 죄에 대한 가중처벌을 규정하는 법률에 위반하는 범죄(통신비밀보호법 제5조 제1항).

124 이에 따라 전기통신사업자는 ① 가입자의 전기통신일시, 전기통신개시 · 종료시간, 발 · 착신

요한 경우에" 전기통신사업자에게 통신사실 확인자료의 제공을 요청함으로써 통신감시가 가능하다(동법 제13조의2). 물론 이러한 통신감시는 국가(수사기관, 정보기관 또는 법원)에 의한 경우에만 허용되기 때문에 사인의 통신감시 행위는 형사처벌을 받게 된다.[125]

통신비밀보호법은 우편물에 대한 검열과 전기통신에 대한 감청 및 통신사실 확인자료에 대한 제공을 원칙적으로 금지할 뿐만 아니라 '공개되지 않은 타인 간의 대화를 녹음 또는 청취하는 행위'도 원칙적으로 금지하고 있다(동법 제3조 제1항). 이처럼 통신비밀보호법은 '복수의 사람'이 참여하는 통신과 대화의 비밀을 보장하기 위한 목적으로 입법되었기 때문에 공개되지 않은 개인의 말(독백)이나 행동을 녹음하거나 청취하는 행위까지는 금지하고 있지 않다. 또한 '타인 간'의 대화에 대한 녹음이나 청취를 금지하고 있기 때문에 대화에 참여한 사람이 다른 사람의 동의를 받지 않고 녹음하는 행위는 타인 간의 대화에 포함되지 않을 여지가 있다.

3. 전기통신사업법

전기통신사업법에서는 "재판, 수사(「조세범 처벌법」 제10조 제1항 · 제3항 · 제4항의 범죄 중 전화, 인터넷 등을 이용한 범칙사건의 조사를 포함한다), 형의 집행 또는 국가안전보장에 대한 위해를 방지하기 위한 정보수집을 위하여" 통신자료의 제공을 요청받은 전기통신사업자에게 그 요청에 따를 수 있도록 규정하고

통신번호 등 상대방의 가입자번호, 사용도수, 정보통신망에 접속된 정보통신기기의 위치를 확인할 수 있는 발신기지국의 위치추적자료의 경우에는 12개월(시외 · 시내전화역무와 관련된 자료인 경우에는 6개월), ② 컴퓨터통신 또는 인터넷의 사용자가 전기통신역무를 이용한 사실에 관한 컴퓨터통신 또는 인터넷의 로그기록자료, 컴퓨터통신 또는 인터넷의 사용자가 정보통신망에 접속하기 위하여 사용하는 정보통신기기의 위치를 확인할 수 있는 접속지의 추적자료의 경우에는 3개월 동안 통신사실 확인자료를 보관하여야 한다(통신비밀보호법 시행령 제41조 제2항).

125 통신비밀보호법에 따라 우편물의 검열 또는 전기통신의 감청을 하거나 공개되지 아니한 타인 간의 대화를 녹음 또는 청취한 자는 1년 이상 10년 이하의 징역과 5년 이하의 자격정지에 처해진다(동법 제16조 제1항).

있다(동법 제83조 제3항).[126] 이 규정에 근거하여 헌법재판소는 수사기관의 장이 전기통신사업자에게 통신자료의 제공을 요청하는 행위는 단순한 협조요청으로 임의수사에 해당하여 공권력의 행사에 해당하지 않는다고 본다.[127] 하지만 소수의견은 수사기관의 통신자료 취득행위는 우월적 지위에서 행사하는 '권력적 사실행위'에 해당한다고 본다.[128]

---

126 통신자료의 제공을 요청할 수 있는 제도에 대한 비판적 논의로 박찬걸 · 강동욱, 〈전기통신사업법상 통신자료 제공제도의 문제점과 개선방안〉, 《법과 정책연구》(한국법정책학회), 제14권 제1호(2014), 9면 이하 참조.

127 헌재 2012. 8. 23. 2010헌마439, 판례집 24-2상, 641, 646-647면: "이 사건 통신자료 취득행위는 피청구인이 이 사건 전기통신사업자에게 청구인에 관한 통신자료 취득에 대한 협조를 요청한 데 대하여 이 사건 전기통신사업자가 임의로 이 사건 통신자료를 제공함으로써 이루어진 것이다. 그런데 피청구인과 이 사건 전기통신사업자 사이에는 어떠한 상하관계도 없고, 이 사건 전기통신사업자가 피청구인의 통신자료제공 요청을 거절한다고 하여 어떠한 형태의 사실상 불이익을 받을 것인지도 불분명하며, 수사기관이 압수수색영장을 발부받아 이 사건 통신자료를 취득한다고 하여 이 사건 전기통신사업자의 사업수행에 지장을 초래할 것으로 보이지도 않는다. 또한 이 사건 통신자료 취득행위의 근거가 된 이 사건 법률조항은 "전기통신사업자는 … 요청받은 때에 이에 응할 수 있다."라고 규정하고 있어 전기통신사업자에게 이용자에 관한 통신자료를 수사관서의 장의 요청에 응하여 합법적으로 제공할 수 있는 권한을 부여하고 있을 뿐이지 어떠한 의무도 부과하고 있지 않다. 따라서 전기통신사업자는 수사관서의 장의 요청이 있더라도 이에 응하지 아니할 수 있고, 이 경우 아무런 제재도 받지 아니한다. 그러므로 이 사건 통신자료 취득행위는 강제력이 개입되지 아니한 임의수사에 해당하는 것이어서 헌법재판소법 제68조 제1항에 의한 헌법소원의 대상이 되는 공권력의 행사에 해당하지 아니한다고 할 것이므로 이에 대한 심판청구는 부적법하다."

128 헌재 2012. 8. 23. 2010헌마439, 판례집 24-2상, 641, 648-649면: "이 사건 통신자료 취득행위가 헌법재판소법 제68조 제1항에 의한 헌법소원의 대상이 되는 공권력 행사인지 여부를 판단함에 있어 '고권적 작용의 행사 또는 불행사로 국민의 권리와 의무에 대하여 직접적인 법률효과를 발생시켜 청구인의 법률관계 내지 법적 지위를 불리하게 변화시키는 것인지 여부'는 이 사건 전기통신사업자를 기준으로 할 것이 아니라 청구인을 기준으로 판단하여야 한다. 다수의견은 이 사건 통신자료 취득행위의 근거가 된 이 사건 법률조항이 "전기통신사업자는 … 요청받은 때에 이에 응할 수 있다."고 규정하고 있어 전기통신사업자에게 어떠한 의무나 부담을 지우고 있지 않다는 점도 이 사건 통신자료 취득행위의 공권력 행사성을 부정하는 근거로 들고 있다. 그런데 이 사건 법률조항의 규정형식만 보면 "전기통신사업자는 … 요청받은 때에 이에 응할 수 있다."고 되어 있어 통신자료의 제공 여부가 전기통신사업자에 의해 결정되는 것처럼 보이지만, 이 사건 전기통신사업자의 약관 중 관련 부분을 보면 통신자료를 포함하는 개인정보를 회원(이용자)의 동의없이 제3자에게 제공하지 않음을 원칙으로 하면서 이에 대한 예외로 '법률의 규정에 의해 국가기관이 개인정보 제공을 요구하는 경우'를 명시하고 있다. 그렇다면 이 사건 통신자료 취득행위처럼 수사관서의 장이 이 사건 법률조항에 근거하여 전기통신사업자에게 통신자료의 제공을 요청하는 경우 전기통신사업자가 굳이 자신의 부담하에 이를 거절할 이유가 없으므로 전기통신사업자는 원칙적으로 통신자료를 제공함을 예

4. 그 밖의 법적 근거

구속된 피고인에 대한 통신감시가 허용되는 경우가 있다. 우선 형사소송법에 따르면 법원은 도망하거나 또는 죄증을 인멸할 염려가 있다고 인정할 만한 상당한 이유가 있는 때에는 직권 또는 검사의 청구에 의하여 결정으로 '구속된 피고인'과 변호인 외의 타인과의 접견을 금하거나 수수할 서류 기타 물건의 검열, 수수의 금지 또는 압수를 할 수 있다(동법 제91조). 따라서 법원이 구속된 피고인에 대한 통신을 감시할 수 있는 경우가 예외적으로 인정된다. 또한 군사법원법에 따라 군사법원은 도주하거나 범죄증거를 없애거나 군사상 기밀을 누설할 우려가 있다고 인정할 만한 상당한 이유가 있을 때에는 직권으로 또는 검찰관의 청구에 따라 결정으로 '구속된 피고인'과 변호인 외의 사람과의 접견을 금하거나 주고받을 서류나 그 밖의 물건의 검열, 주고받는 행위의 금지 또는 압수를 할 수 있다(동법 제131조). 이에 따라 군사법원도 구속된 피고인에 대한 통신감시가 가능한 경우가 있다.

한편 수형자에 대한 통신감시도 허용될 수 있다. 형의 집행 및 수용자의 처우에 관한 법률에 따르면 ① 범죄의 증거를 인멸하거나 형사 법령에 저촉되는 행위를 할 우려가 있는 경우나 ② 수형자의 교화 또는 건전한 사회복귀를

정하고 있다고 할 것인바, 통신자료의 제출 여부는 전기통신사업자의 의사에 의해 통신자료의 제공요청시마다 개별적으로 결정되는 것이 아니라, 사실상 이 사건 법률조항에 의한 통신자료 제출 요구가 있으면 전기통신사업자는 이에 응하는 구조로 되어 있다고 보아야 할 것이다. 이러한 구조 하에서 이 사건 통신자료 취득행위의 직접 상대방이 전기통신사업자라는 형식에만 착안하여 전기통신사업자를 기준으로 보면 강제성이 없다는 이유로 공권력 행사성을 부정하는 것은 이 사건 통신자료 취득행위에 의한 기본권 제한의 본질적인 국면을 외면하는 것이다. 즉, 이 사건 통신자료 취득행위는 통신자료의 주체인 청구인에 대한 기본권 제한이 그 본질인바, 청구인을 기준으로 공권력 행사성 여부를 판단해야 한다. 이렇게 볼 때, 피청구인은 공권력인 수사권의 행사주체이고 이 사건 통신자료 취득행위는 청구인의 의사에 상관없이 진행되며 청구인의 통신자료를 보관하고 있는 전기통신사업자가 피청구인의 요청을 거절할 가능성은 사실상 희박하고 청구인이 통신자료의 제공을 저지하기 위해 그 과정에 개입할 수도 없는바, 이 사건 통신자료 취득행위는 피청구인이 우월적 지위에서 일방적으로 청구인의 통신자료에 대하여 대물적으로 행하는 수사행위로서 권력적 사실행위에 해당한다. 따라서 이 사건 통신자료 취득행위는 헌법재판소법 제68조 제1항에 의한 헌법소원의 대상이 되는 공권력의 행사에 해당한다고 할 것인바, 이 사건 통신자료 취득행위에 대한 심판청구에 대하여 본안에 나아가 위헌 여부를 심사함이 타당하다."

위하여 필요한 경우, 또는 ③ 시설의 안전과 질서유지를 위하여 필요한 경우 교도소장에게는 교도관으로 하여금 수용자의 접견내용을 청취 · 기록 · 녹음 또는 녹화하게 할 수 있는 권한이 부여되어 있다(동법 제41조 제2항). 또한 수용자가 주고받는 서신의 내용은 원칙적으로 검열을 받지 않지만 ① 서신의 상대방이 누구인지 확인할 수 없는 경우나 ② 「형사소송법」이나 그 밖의 법률에 따른 서신검열의 결정이 있는 경우, 또는 ③ 수형자의 교화 또는 건전한 사회복귀를 해칠 우려가 있거나 시설의 안전 또는 질서를 해칠 우려가 있는 내용이나 형사 법령에 저촉되는 내용이 기재되어 있다고 의심할 만한 상당한 이유가 있는 경우나 ④ 대통령령으로 정하는 수용자 간의 서신인 경우에는 서신에 대한 검열을 할 수 있다(동법 제43조 제4항). 같은 맥락에서 군에서의 형의 집행 및 군수용자의 처우에 관한 법률에 따라 군교정시설에 수용된 군수용자의 경우에도 통신에 대한 검열이 예외적으로 허용되는 경우가 있다(동법 제44조 제4항).

III. 통신감시의 헌법적 한계

1. 법률유보원칙

헌법상 보장된 기본권인 '통신의 비밀에 관한 권리'(헌법 제18조)를 제한하는 통신감시는 법률의 형식으로만 가능하다(헌법 제37조 제2항). 통신감시는 통신비밀보호법이나 전기통신사업법과 같은 법률의 형식으로 허용되고 있기 때문에 기본권제한에서 법률의 형식을 요구하는 법률유보원칙은 준수되고 있는 것처럼 보인다. 하지만 통신비밀보호법이나 전기통신사업법에서 통신감시를 허용하는 목적, 특히 '국가안보(국가안전보장)'라는 개념이 지나치게 추상적인 것은 아닌지에 대한 의문이 제기될 수 있다. 국가안보는 헌법에서 열거된 기본권제한의 목적들 가운데 하나이기 때문에 법률에서 기본권을 제한하는 입법목적은 이것보다는 구체적으로 세분화될 필요가 있기 때문이다. 또한 법률의 근거 없이 행해지는 통신감시와 법률에서 부여받은 권한을 넘어선 통신감시가 문제라 할 수 있다.

2. 영장주의원칙

헌법은 인신의 구속이나 주거의 비밀에 대한 침범의 경우에 법관이 발부한 영장이 필요하다는 '영장주의원칙'을 견지하고 있다(헌법 제12조 및 제17조). 같은 맥락에서 통신의 비밀에 대한 제한의 경우에도 영장주의원칙이 요구된다고 볼 수 있다. 이에 따라 통신비밀보호법은 범죄수사나 국가안보를 위한 통신감시에 대해서 영장주의원칙을 적용하고 있다. 통신감시에 대해서는 '영장'이라는 용어 대신에 '허가서'라는 용어가 사용되지만[129] 감시 여부에 대한 허가서를 법관이 발부한다는 점에서 영장과 같다.

우선 '검사'(검찰관을 포함)는 법원(군사법원을 포함)에 우편물에 대한 검열이나 전기통신에 대한 감청을 허가하여 줄 것을 청구할 수 있고, 사법경찰관(군사법경찰관을 포함)이 검사에게 우편물에 대한 검열이나 전기통신에 대한 감청의 허가를 신청하면, 검사는 법원에 그 허가를 청구할 수 있다(동법 제6조 제1항). 청구를 받은 법원은 청구가 이유 있다고 인정하는 경우에는 우편물에 대한 검열이나 전기통신에 대한 감청을 허가하고, 이를 증명하는 서류인 "허가서"를 발부한다(동법 동조 제5항). 이러한 검열이나 감청의 기간은 원칙적으로 2개월을 초과하지 못하지만 허가요건이 존속하는 경우에는 2개월의 범위 안에서 기간연장을 청구할 수 있다(동법 동조 제7항). 문제는 기간의 제한이 없다는 점인데 이에 대해서 헌법재판소는 헌법불합치결정을 하였다.[130]

---

129 검사 또는 정보수사기관의 장이 통신제한조치의 허가를 청구하면 법원은 청구가 이유 있다고 인정하는 경우에는 각 피의자별 또는 각 피내사자별로 통신제한조치를 허가하고, 이를 증명하는 서류인 '허가서'를 청구인에게 발부한다(통신비밀보호법 제6조 제5항). 이러한 허가서에는 ① 통신제한조치의 종류 · 그 목적 · 대상 · 범위 · 기간, ② 집행장소와 방법을 특정하여 기재하여야 한다(동법 동조 제6항).

다음으로 '정보수사기관의 장'이 우편물에 대한 검열이나 전기통신에 대한 감청을 원하는 경우에 ① 통신의 일방 또는 쌍방당사자가 내국인인 때에는 고등법원 수석부장판사의 허가를 받아야 하고, ② 대한민국에 적대하는 국가, 반국가활동의 혐의가 있는 외국의 기관·단체와 외국인, 대한민국의 통치권이 사실상 미치지 아니하는 한반도내의 집단이나 외국에 소재하는 그 산하 단체의 구성원의 통신인 때 및 군용전기통신의 경우에는 서면으로 대통령의 승인을 얻어야 한다(동법 제7조 제1항). 이와 같은 검열이나 감청은 4개월을 초과하지 못하고, 허가요건이 존속하는 경우에는 4개월의 범위 이내에서 기간을 연장할 수 있다(동법 제7조 제2항). 정보기관에 의한 검열이나 감청은 그 기간이 수사기관에 의한 검열이나 감청보다 길다는 점, 수사기관에 의한 검열이나 감청과 마찬가지로 기간의 연장에서 제한이 없다는 점이 문제점으로 지적될 수 있다.

한편 검사 또는 사법경찰관이 통신사실 확인자료의 제공을 요청하는 경우에도 관할 지방법원(보통군사법원을 포함) 또는 지원의 허가를 받아야 한다(동법 제13조 제2항). 그리고 정보기관의 장이 통신사실 확인자료의 제공을 요청하는 경우에도 고등법원 수석부장판사의 허가 또는 대통령의 승인을 얻어야 한다(동법 제13조의4 제2항, 제7조).

사전에 영장주의원칙이 적용될 수 없는 긴급한 상황이 발생할 수 있는데 통신비밀보호법은 이러한 상황의 경우에 사후에 허가를 받도록 예외를 인정하고 있다. 다시 말해 검사, 사법경찰관 또는 정보수사기관의 장은 국가안보를 위협하는 음모행위, 직접적인 사망이나 심각한 상해의 위험을 야기할 수 있는 범죄 또는 조직범죄 등 중대한 범죄의 계획이나 실행 등 긴박한 상황에 있고, 법원의 사전 허가절차를 거칠 수 없는 긴급한 사유가 있는 때에는 법원의 허가없이 우편물에 대한 검열이나 전기통신에 대한 감청을 허용하고 있다(동법 제8조 제1항). 다만 검사, 사법경찰관 또는 정보수사기관의 장은 이러한

---

130 헌재 2010. 12. 28. 2009헌가30, 판례집 22-2하, 545 참조.

긴급한 검열이나 감청의 집행착수 후 지체없이 법원에 허가를 청구하여야 하며, 36시간 이내에 법원의 허가를 받지 못한 때에는 즉시 이를 중지하여야 한다(동법 동조 제2항).

통신자료의 제공을 요청받는 경우에는 전기통신사업자가 이에 따라야 할 법적 의무는 없다(전기통신사업법 제83조 제3항). 하지만 수사기관이나 정보기관이 통신자료의 제공을 요청하면 전기통신사업자가 이를 거부하기는 현실적으로 어렵다. 따라서 통신자료의 제공을 요청하는 경우에도 영장주의원칙을 적용하여 통신사실 확인자료의 제공에 대한 요청과 마찬가지로 법원의 영장(허가서)을 발부받도록 의무화하는 것이 타당해 보인다.

3. 적법절차원칙

통신의 비밀에 관한 기본권을 제한하는 경우에는 헌법상 요구되고 있는 '적법절차원칙'이 준수되어야 한다. 통신감시에서 문제가 되는 적법절차란 감시가 개시되거나 종료된 후에 피감시자에게 그러한 사실을 통지하는 절차다.

우선 '검사'는 우편물에 대한 검열이나 전기통신에 대한 감시를 집행한 사건에 관하여 공소를 제기하거나, 공소의 제기 또는 입건을 하지 아니하는 처분(기소중지 결정을 제외)을 한 때에는 그 처분을 한 날부터 30일 이내에 우편물 검열의 경우에는 그 대상자에게, 감청의 경우에는 그 대상이 된 전기통신의 가입자에게 그러한 검열이나 감청을 집행한 사실과 집행기관 및 그 기간 등을 서면으로 통지하여야 한다(통신비밀보호법 제9조의2 제1항). 그리고 '사법경찰관'은 우편물에 대한 검열이나 전기통신에 대한 감청을 집행한 사건에 관하여 검사로부터 공소를 제기하거나 제기하지 아니하는 처분(기소중지 결정을 제외)의 통보를 받거나 내사사건에 관하여 입건하지 아니하는 처분을 한 때에는 그 날부터 30일 이내에 우편물 검열의 경우에는 그 대상자에게, 감청의 경우에는 그 대상이 된 전기통신의 가입자에게 그러한 검열이나 감청을 집행한 사실과 집행기관 및 그 기간 등을 서면으로 통지하여야 한다(동법 동조 제2항). 한편 '정보수사기관의 장'은 우편물에 대한 검열이나 전기통신에 대한 감청을 종료한 날부터 30일 이내에 우편물 검열의 경우에는 그 대상자에게, 감청의 경우에는 그 대상이 된 전기통신의 가입자에게 그러한 검열이나 감청을 집행한 사실과 집행기관 및 그 기간 등을 서면으로 통지하여야 한다(동법 동조 제3항).

통신사실 확인자료의 경우에도 검사나 사법경찰관은 통신사실 확인자료를 제공받은 사건에 관하여 공소를 제기하거나, 공소의 제기 또는 입건을 하지 아니하는 처분(기소중지결정을 제외)을 한 때에는 그 처분을 한 날부터 30일 이내에 통신사실 확인자료제공을 받은 사실과 제공요청기관 및 그 기간 등을 서면으로 통지하여야 한다(동법 제13조의3 제1항). 통신사실 확인자료를 제공받은 사실에 관한 통지의무 기한이 '즉시'가 아니라 '30일 이내'라는 점, 정보기관의 경우에는 이러한 통지의무가 없다는 점이 문제점으로 지적될 수 있다.

4. 비례성원칙

범죄수사나 국가안보를 목적으로 하는 통신감시의 경우에도 그러한 공익적 목적을 실현하는 데 비례적인 수단만이 허용된다.[131] 여기서 '비례적인 수단'은 공익 목적을 효과적으로 실현하는 데 적합하고(수단의 적합성), 목적의 실현으로 발생하는 통신의 비밀에 관한 권리를 최소한도로 침해하며(피해의 최소성), 공익 목적과 기본권을 균형적으로 실현하는(법익의 균형성) 수단을 의미한다. 특히 범죄수사나 국가안보를 위한 통신감시로 인하여 침해되는 통신의 비밀에 관한 기본권에 대한 피해를 최소화할 수 있는 수단이 사용되어야 한다. 또한 범죄수사나 국가안보라는 공익 목적과 통신의 비밀에 관한 기본권에 대한 충분한 고려가 동시에 이루어져야 한다. 무엇보다 통신사실 확인자료나 통신자료의 경우에는 국가기관이 전기통신사업자에게 제공을 요

131 비례성원칙에 대해서는 이 책 제2장 III. 1.(35-36면) 및 제3장 III. 2.(49-50면) 참조.

청하면 전기통신사업자는 이러한 요청에 협조해야 할 법적 의무(통신비밀보호법 제15조의2) 또는 사실적 의무(전기통신사업법 제83조 제3항)를 부담하게 된다는 점에서[132] 전기통신사업자에게 보장된 직업의 자유가 제약될 수 있기 때문에 이러한 기본권을 고려하여 비례적인 수단인지가 검토되어야 한다.[133]

132 통신비밀보호법에 따라 전기통신사업자에게 부과된 협조의무의 경우에 전기통신사업자가 협조할 사항, 통신사실확인자료의 보관기간 그 밖에 전기통신사업자의 협조에 관하여 필요한 사항은 대통령령으로 정하도록 위임하고 있는데(동법 제15조의2 제2항) 이에 따라 제정된 통신비밀보호법 시행령은 통신사실 확인자료의 보관기간만을 규정하고 있고(동시행령 제41조 제2항) 협조의무의 범위와 한계 및 절차에 관한 상세한 내용을 규정하고 있지 않아 전기통신사업자의 기본권을 침해할 소지가 있다.

133 2014년 1월 3일 서상기 의원이 대표발의한 '통신비밀보호법 일부개정법률안'에 따르면 합법적 통신제한조치의 집행이 가능하도록 전화서비스 등을 제공하는 전기통신사업자에 대하여 필요한 장비 등의 구비의무를 부과하는 내용이 추가되어 있는데, 이처럼 통신감시에서는 전기통신사업자가 중요한 역할을 수행한다는 점에서 전기통신사업자에게 보장된 직업의 자유가 침해될 여지가 있다.

제9장 영상감시

I. 영상감시의 현황

1. CCTV의 경우

골목, 도로, 공원, 건물, 광장 등 곳곳에 설치된 CCTV[134]는 이제 사람들의 일상이 되었다. 어디를 가도 CCTV가 설치되어 있기 때문에 대부분의 사람들은 CCTV를 보아도 놀라거나 당황하지 않는다. 자신을 포함한 불특정다수가 촬영되고 있지만 CCTV가 자신을 감시하고 있다는 불편함보다는 안전하게 지켜주고 있다는 편안함이 사람들의 인식을 지배한다. 어차피 범법행위를 저지르지 않을 테니까 CCTV에서 자신의 행위가 촬영되고 있다는 사실은 문제될 것 없다고 생각하는 경향이 강하다. CCTV에 의하여 자신의 행동이 감시됨으로써 느끼는 불편함보다는 타인의 범죄가 감시됨으로써 누리는 안전함이 유리하다는 계산이 머릿속에 깔려 있는지도 모른다. 안전행정부가 발간한 《2013 안전행정통계연보》에 따르면 2012년 현재 전국에 공공기관[135]이 설치

134 CCTV는 영상을 촬영하는 카메라와 촬영된 영상을 관찰하는 모니터로 구성되며, 흔히 말하는 CCTV는 도처에 설치된 카메라를 의미한다.

135 개인정보 보호법에 따르면 "공공기관"은 ① 국회, 법원, 헌법재판소, 중앙선거관리위원회의 행정사무를 처리하는 기관, 중앙행정기관(대통령 소속 기관과 국무총리 소속 기관을 포함한다) 및 그 소속 기관, 지방자치단체, ② 그 밖의 국가기관 및 공공단체 중 대통령령으로 정하는 기관을 의미

하여 운영하고 있는 CCTV는 총 45만여 대에 이른다. 민간에서 설치한 CCTV의 숫자는 정확한 파악이 불가능할 정도로 많다. 어디에서도 24시간 CCTV가 감시하고 있기 때문에 CCTV의 감시망을 빠져나갈 수 없고, 수많은 CCTV를 시간대별로 연결하면 사실상 공개된 장소에서 활동하는 거의 모든 모습이 감시되고 있다는 의미다.

공공기관 설치 · 운영 CCTV 현황

(단위: 대)

구분	2008	2009	2010	2011	2012
합계	157,245	241,415	309,227	364,302	452,725
범죄 예방	51,682	59,917	107,258	141,791	183,867
시설안전/화재 예방	94,500	170,460	192,662	207,343	246,090
교통단속	6,359	7,088	6,288	11,636	14,327
교통정보수집	4,704	3,950	3,019	3,532	8,441

자료: 안전행정부, 《2013 안전행정통계연보》

2. 새로운 형태의 영상감시

종래에 영상(비디오)을 감시하는 수단은 주로 CCTV이었는데 CCTV는 말 그대로 '폐쇄회로(closed circuit)'를 이용하여 카메라로 촬영된 영상을 카메라와 연결된 제한된 모니터를 통해서만 관찰할 수 있게 한다. 하지만 최근에는 기술의 발전으로 카메라를 통해 수집된 영상정보를 카메라에 내장된 별도의 장치에 저장하여, 웹서버를 통해 카메라에 접속할 수 있는 누구나 자신의 모니터를 통해 영상을 관찰할 수 있는 '네트워크 카메라(network camara)'도 영상감시의 수단이 되고 있다. 예컨대 어린이집이나 자신의 집에 설치된 네트워크 카메라를 통해 자신의 아이를 돌보는 교사나 보모를 어디서나 관찰할 수 있는 것처럼 네트워크 카메라는 CCTV와는 달리 인터넷이 연결되는 곳이면 어디에서나 카메라에 접속하여 실시간으로 영상의 관찰이 가능하다. 물론

하는데(동법 제2조 제6호) 개인정보 보호법 시행령에서 공공기관에 포함시키고 있는 기관으로는 ① 「국가인권위원회법」에 따른 국가인권위원회, ② 「공공기관의 운영에 관한 법률」에 따른 공공기관, ③ 「지방공기업법」에 따른 지방공사와 지방공단, ④ 특별법에 따라 설립된 특수법인, ⑤ 「초 · 중등교육법」, 「고등교육법」, 그 밖의 다른 법률에 따라 설치된 각급 학교가 있다(동시행령 제2조).

CCTV로 촬영된 영상정보는 원칙적으로 모니터를 이용할 수 있는 권한을 부여받은 사람만이 관찰할 수 있고, 네트워크 카메라의 경우에도 촬영된 영상정보에 접근하려면 카메라의 IP주소에 접속할 수 있는 권한을 부여받아야 한다는 점에서는 차이가 없다. 이것은 수집된 영상정보를 누구나 접근할 수 있는 공중파TV나 케이블TV를 통해 수신할 수 있는 것과 다른 점이다.

II. 영상감시의 법적 근거와 쟁점

1. 법적 근거

CCTV를 규율하는 일반법으로 볼 수 있는 개인정보 보호법은 CCTV를 "영상정보처리기기"의 한 유형으로 분류한다. 여기서 영상정보처리기기는 "일정한 공간에 지속적으로 설치되어 사람 또는 사물의 영상 등을 촬영하거나 이를 유·무선망을 통하여 전송하는 장치"로 정의되고(동법 제2조 제7호), 같은 법 시행령(대통령령)은 영상정보처리기기에 '폐쇄회로 텔레비전(CCTV)'과 '네트워크 카메라'를 포함시키고 있다(동시행령 제3조). 결국 영상정보처리기기의 본질적 특성은 설치와 관련된 '공간적·시간적 지속성' 및 기능과 관련된 '영상의 촬영 및 전송'이라고 정리할 수 있다. 이러한 영상정보처리기기를 공개된 장소에 설치하여 운영하는 행위는 원칙적으로 금지되지만 ① 법령에서 구체적으로 허용하고 있는 경우, ② 범죄의 예방 및 수사를 위하여 필요한 경우, ③ 시설안전 및 화재 예방을 위하여 필요한 경우, ④ 교통단속을 위하여 필요한 경우, ⑤ 교통정보의 수집·분석 및 제공을 위하여 필요한 경우에는 예외적으로 허용된다(동법 제25조 제1항).[136] 이처럼 영상정보처리기기의 설치목적이 범죄 예방과 범죄수사, 시설안전과 화재 예방, 교통단속과 교통정

136 개인정보 보호법에 해당하는 경우가 아닌데도 영상정보처리기기를 설치하여 운영하면 과태료가 부과된다(동법 제75조 제1항 제3호 및 제2항 제7호).

보수집으로 상당히 포괄적이고, 혹여 다른 의도가 숨어 있다고 해도 이러한 목적으로 충분히 정당화될 수 있다는 점에서 CCTV의 설치를 목적에 따라 제한할 수 있는 데는 분명히 한계가 있다. 법률에 열거된 설치목적은 CCTV의 설치를 제한하기보다 사실상 모든 CCTV설치를 정당화할 수 있는 근거가 되고 있다고 해도 지나친 말이 아니다.

그 밖에도 아동복지법에 따르면 범죄의 위험으로부터 아동을 보호하기 위한 목적으로 '아동보호구역'을 지정하여 범죄의 예방을 위한 순찰 및 아동지도 업무 등 필요한 조치를 할 수 있는데(동법 제32조 제1항)[137] 이러한 아동보호구역에는 영상정보처리기기의 설치가 의무화되어 있다(동법 동조 제3항). 심지어 같은 법 시행령에 따라 지정된 아동보호구역을 관할하는 경찰서장은 아동에 대한 범죄 예방 및 수사를 위하여 해당 아동보호구역에 설치된 영상정보처리기기의 화상정보를 적극 활용하여야 하는 의무가 부과되기도 한다(동시행령 제30조 제3항). 그리고 초 · 중등교육법은 학교의 장에게 '학생의 안전'을 위하여 영상정보처리기기의 설치에 관한 사항을 시행하여야 하는 의무를 부과하고 있다(동법 제30조의8). 같은 맥락에서 학교폭력예방 및 대책에 관한 법률에 따라 국가 및 지방자치단체는 '학교폭력 예방 업무의 효과적 수행'을 목적으로 교육감과 협의하여 학교 내외에 설치된 영상정보처리기기를 통합하여 관제할 수 있는 권한을 부여받는다(동법 제20조의6 제1항). 또한 보행안전 및 편의증진에 관한 법률에 따르면 특별시장 · 광역시장 · 특별자치시장 · 특별자치도지사 · 시장 · 군수 또는 자치구의 구청장은 '범죄로부터 보행자의 안전한 보호'를 목적으로 필요하다고 인정하는 경우에는 보행자길에 영상정보처리기기를 설치할 수 있는 권한을 부여받는다(동법 제24조 제1항). 이러한 목적에서 설치되는 영상정보처리기기는 보행자길 중 과거에 범죄가 발

137 아동보호구역으로 지정될 수 있는 시설로는 ① 「도시공원 및 녹지 등에 관한 법률」에 따른 '도시공원', ② 「영유아보육법」에 따른 '어린이집', ③ 「초 · 중등교육법」에 따른 '초등학교' 및 '특수학교', 「유아교육법」에 따른 '유치원'이 포함된다(아동복지법 제32조 제1항).

생하였거나 범죄 발생의 가능성이 높은 구역에 설치된다(보행안전 및 편의증진에 관한 법률 시행규칙 제9조 제1항). 이와 같이 아동과 학생 및 보행자의 안전을 목적으로 수많은 학교와 그 주변 및 도로에도 CCTV의 설치가 정당화된다.

한편 형의 집행 및 수용자의 처우에 관한 법률에 따르면 교도관은 자살 · 자해 · 도주 · 폭행 · 손괴, 그 밖에 수용자의 생명 · 신체를 해하거나 시설의 안전 또는 질서를 해하는 행위를 방지하기 위하여 필요한 범위에서 전자장비[138]를 이용하여 수용자 또는 시설을 계호할 수 있는데 전자영상장비로 거실에 있는 수용자를 계호하는 것은 '자살 등의 우려가 큰 때'에만 할 수 있다(동법 제94조 제1항).[139] 이에 따라 영상정보처리기기 카메라는 교정시설의 주벽(周壁) · 감시대 · 울타리 · 운동장 · 거실 · 작업장 · 접견실 · 전화실 · 조사실 · 진료실 · 복도 · 중문, 그 밖에 전자장비를 이용하여 계호하여야 할 필요가 있는 장소에만 설치될 수 있고, 거실에 영상정보처리기기 카메라를 설치하는 경우에는 용변을 보는 하반신의 모습이 촬영되지 않도록 카메라의 각도를 한정하

138 형의 집행 및 수용자의 처우에 관한 법률 시행규칙에 따르면 수용자나 시설을 계호하는 전자장비에는 ① 영상정보처리기기뿐만 아니라 ② 전자감지기(일정한 공간에 지속적으로 설치되어 사람 또는 사물의 움직임을 빛 · 온도 · 소리 · 압력 등을 이용하여 감지하고 전송하는 장치), ③ 전자경보기(전자파를 발신하고 추적하는 원리를 이용하여 사람의 위치를 확인하거나 이동경로를 탐지하는 일련의 기계적 장치), ④ 물품검색기(고정식 물품검색기와 휴대식 금속탐지기로 구분), ⑤ 증거수집장비(디지털카메라, 녹음기, 비디오카메라, 음주측정기 등 증거수집에 필요한 장비), ⑥ 그 밖에 법무부장관이 정하는 전자장비가 포함된다(동시행규칙 제160조).

139 수용시설 내의 CCTV 설치와 관련하여 법적 근거가 없던 시기에 이에 대한 위헌성이 문제된 적이 있었는데 헌법재판소는 합헌결정을 하였으나 5인의 재판관은 위헌의견을 제시하였다. 헌재 2008. 5. 29. 2005헌마137: "CCTV 설치행위는 행형법 및 교도관직무규칙 등에 규정된 교도관의 계호활동 중 육안에 의한 시선계호를 CCTV 장비에 의한 시선계호로 대체한 것에 불과하므로, … CCTV 설치행위에 대한 특별한 법적 근거가 없더라도 일반적인 계호활동을 허용하는 법률규정에 의하여 허용된다고 보아야 한다. 한편 CCTV에 의하여 감시되는 엄중격리대상자에 대하여 지속적이고 부단한 감시가 필요하고 자살 · 자해나 흉기 제작 등의 위험성 등을 고려하면, 제반사정을 종합하여 볼 때 기본권 제한의 최소성 요건이나 법익균형성의 요건도 충족하고 있다."; 재판관 5인의 반대의견: "구금시설 내 CCTV 설치 · 운용에 관하여 직접적으로 규정한 법률규정은 없으며, CCTV에 의하여 녹화된 내용은 얼마든지 재생이 가능하고 복사 또는 편집되어 유포될 가능성이 있는 것이어서 교도관의 시선계호를 전제로 한 행형법 규정을 … CCTV 설치행위에 대한 근거법률로 보기는 어려우므로, 결국 CCTV 설치행위는 헌법 제17조 및 제37조 제2항에 위반된다."

거나 화장실에 차폐시설을 설치하여야 한다(형의 집행 및 수용자의 처우에 관한 법률 시행규칙 제162조 제1항 및 제3항).[140] 이러한 'CCTV 계호행위'에 대하여 헌법재판소는 합헌결정을 내렸다(아래 [판례] 참조). 같은 맥락에서 보호소년 등의 처우에 관한 법률도 소년원 및 소년분류심사원에 보호소년 등의 이탈 · 난동 · 폭행 · 자해 · 자살, 그 밖에 보호소년등의 생명 · 신체를 해치거나 시설의 안전 또는 질서를 해치는 행위를 방지하기 위하여 필요한 최소한의 범위에서 영상정보처리기기를 설치하여 운영할 수 있도록 하고 있다(동법 제14조의3 제1항). 또한 출입국관리법도 피보호자의 자살 · 자해 · 도주 · 폭행 · 손괴나 그 밖에 다른 피보호자의 생명 · 신체를 해치거나 보호시설의 안전 또는 질서를 해치는 행위를 방지하기 위하여 필요한 범위에서 영상정보 처리기기 등 필요한 시설을 설치할 수 있도록 규정하고 있다(동법 제56조의7).[141] 대체로 교정시설이나 보호시설에 대한 CCTV의 설치는 수용자의 보호와 시설의 안전을 목적으로 한다.

[참조] 구치소 거실 내 CCTV 설치
— 헌재 2011. 9. 29. 2010헌마413, 판례집 23-2상, 726

CCTV 계호행위는 청구인(수용자)의 생명 · 신체의 안전을 보호하기 위한 것으로서 그 목적이 정당하고, 교도관의 시선에 의한 감시만으로는 자살 · 자해 등의 교정사고 발생을 막는 데 시간적 · 공간적 공백이 있으므로 이를 메우기 위하여 CCTV를 설치하여 수형자를 상시적으로 관찰하는 것은 위 목적 달성에 적합한 수단이라 할 것이며, '형의 집행 및

140 군에서의 형의 집행 및 군수용자의 처우에 관한 법률 시행규칙에 따라 군교정시설의 경우에도 주벽(周壁) · 감시대 · 울타리 · 운동장 · 거실 · 작업장 · 접견실 · 전화실 · 조사실 · 진료실 · 복도 · 통용문 그 밖에 전자장비를 이용하여 계호하여야 할 필요가 있는 장소에 CCTV와 같은 영상정보처리기기 카메라가 설치될 수 있다(동시행규칙 제115조 제1호).

141 출입국관리법에 따른 외국인 보호에 필요한 사항을 규정하기 위하여 제정된 외국인보호규칙(법무부령)은 출입국관리사무소장 · 출장소장 또는 외국인보호소장에게, 외국인보호시설의 안전과 질서를 유지하고 긴급사태에 효율적으로 대처할 수 있도록 보호시설과 인원에 대한 적절한 안전대책을 마련하여 시행하여야 하는 의무를 부과하면서 예산의 범위에서 이와 같은 안전대책에 필요한 시설을 설치하여야 하며 영상정보 처리기기 등의 장비를 설치할 수 있다고 규정하고 있다(동규칙 제37조 제1항 및 제2항).

> 수용자의 처우에 관한 법률'(2007. 12. 21. 법률 제8728호로 개정되어 2008. 12. 22. 시행된 것) 및 동법 시행규칙은 CCTV 계호행위로 인하여 수용자가 입게 되는 피해를 최소화하기 위하여 CCTV의 설치 · 운용에 관한 여러 가지 규정을 하고 있고, 이에 따라 피청구인은 청구인의 사생활의 비밀 및 자유에 대한 제한을 최소화하기 위한 조치를 취하고 있는 점, 상시적으로 청구인을 시선계호할 인력을 확보하는 것이 불가능한 현실에서 자살이 시도되는 경우 신속하게 이를 파악하여 응급조치를 실행하기 위하여는 CCTV를 설치하여 청구인의 행동을 지속적으로 관찰하는 방법 외에 더 효과적인 다른 방법을 찾기 어려운 점 등에 비추어 보면, … CCTV 계호행위는 피해의 최소성 요건을 갖추었다 할 것이고, 이로 인하여 청구인의 사생활에 상당한 제약이 가하여진다고 하더라도, 청구인의 행동을 상시적으로 관찰함으로써 그의 생명 · 신체를 보호하고 교정시설 내의 안전과 질서를 보호하려는 공익 또한 그보다 결코 작다고 할 수 없으므로, 법익의 균형성도 갖추었다. 따라서 … CCTV 계호행위가 과잉금지원칙을 위배하여 청구인의 사생활의 비밀 및 자유를 침해하였다고는 볼 수 없다.

끝으로 주택건설기준 등에 관한 규정(대통령령)에 따라 공동주택[142]을 건설하는 주택단지에는 국토교통부령으로 정하는 기준에 따라 '보안 및 방범' 목적을 위한 CCTV를 설치하여야 하는 의무가 부과된다(동규정 제39조).[143] 그리

142 주택법 시행령에 따른 "공동주택"에는 ① 300세대 이상의 공동주택, ② 150세대 이상으로서 승강기가 설치된 공동주택, ③ 150세대 이상으로서 중앙집중식 난방방식(지역난방방식을 포함)의 공동주택, ④「건축법」에 따른 건축허가를 받아 주택 외의 시설과 주택을 동일건축물로 건축한 건축물로서 주택이 150세대 이상인 건축물이 포함된다(동시행령 제48조).

143 이에 따라 공동주택에 설치되는 CCTV는 ① 승강기, 어린이놀이터 및 각 동의 출입구마다 설치되어야 하고, ② 전체 또는 주요 부분이 조망되고 잘 식별될 수 있도록 설치하되, 카메라의 해상도는 41만 화소 이상이어야 하며, ③ 카메라 수와 녹화장치의 모니터 수가 같도록 설치(다만, 모니터 화면이 다채널로 분할 가능하면서 다채널의 카메라 신호를 1대의 녹화장치에 연결하여 감시할 경우에 연결된 카메라 신호가 전부 모니터 화면에 표시되어야 하며 1채널의 감시화면의 대각선방향 크기는 최소한 4인치 이상이고, 다채널 신호를 표시한 모니터 화면은 채널별로 확대감시기능이 있으며, 녹화된 화면의 재생이 가능하며 재생할 경우에 화면의 크기조절기능이 있는 경우에는 예외)하여야 한다(주택건설기준 등에 관한 규칙 제9조 제1항). 또한 층수가 50층 이상 또는 높이가 200미터 이상인 '초고층건축물'이나 층수가 11층 이상이거나 1일 수용인원이 5천명 이상인 건축물로서 지하부분이 지하역사 또는 지하도상가와 연결된 건축물이면서 건축물 안에「건축법」에 따른 문화 및 집회시설, 판매시설, 운수시설, 업무시설, 숙박시설, 위락(慰樂)시설 중 유원시설업(遊園施設業)의 시설 또는 대통령령으로 정하는 용도의 시설이 하나 이상 있는 건축물을 의미하는 '지하연계 복합건축물'의 관리주체는 종합방재실을 설치 · 운영하여야 하는데 여기에는 피난안전구역, 피난용 승강기 승강장 및 테러 등의 감시와 방범 · 보안을 위한 CCTV설비가 갖춰져야 한다(초고층 및 지하연계

고 주차장법에 따라 주차장의 구조 · 설비기준 등에 관하여 필요한 사항을 규정하도록(동법 제6조 제1항) 위임받은 주차장법 시행규칙은 주차대수 30대를 초과하는 규모의 자주식주차장으로서 지하식 또는 건축물식 노외주차장에는 관리사무소에서 주차장 내부 전체를 볼 수 있는 CCTV 및 녹화장치를 포함하는 '방범설비'를 설치 · 관리하도록 의무화하고 있다(동시행규칙 제6조 제1항 제11호).[144] 또한 도시철도법은 도시철도운영자에게 '범죄 예방 및 교통사고 상황파악'을 위하여 도시철도차량에 CCTV를 설치하여야 하는 의무를 부과하고 있다(동법 제41조 제1항). 이러한 CCTV는 ① 해당 도시철도차량 내에 사각지대가 없도록 설치하고, ② 해상도는 범죄 예방 및 교통사고 상황 파악에 지장이 없도록 하며, ③ 도시철도를 이용하는 승객 누구나 쉽게 인식할 수 있는 위치에 설치하여야 한다(동법 시행령 제25조). 그 밖에 사격 및 사격장 안전관리에 관한 법률에 따라 사격장설치자는 안전사고를 방지하기 위하여 사격장의 주요 지점에 CCTV를 설치하여야 하는 의무가 있다(동법 제5조 제2항). 이처럼 아파트, 주차장, 지하철, 사격장과 같은 생활시설에도 CCTV설치가 의무화됨으로써 CCTV는 익숙한 설비로 다가오게 되었다.

2. 법적 쟁점

(1) 공개된 장소

CCTV의 설치와 운영은 '공개된 장소'의 경우에는 예외적으로 허용되고, '공

복합건축물 재난관리에 관한 특별법 시행규칙 제7조 제4호 자목). 한편 주택단지의 경우에 CCTV의 설치가 의무는 아니지만 CCTV를 설치하려면 ① 선명한 화질이 유지될 수 있도록 관리하고, ② 촬영된 자료는 컴퓨터보안시스템을 설치하여 30일 이상 보관하며, ③ 폐쇄회로 텔레비전이 고장 난 경우에는 지체 없이 수리할 뿐만 아니라 ④ 폐쇄회로 텔레비전의 안전관리자를 지정하여 관리하여야 한다(주택법 시행규칙 제24조의2 제2항).

144 주차장법 시행규칙에 따라 설치되어야 하는 방범설비의 준수사항은 다음과 같다: ① 방범설비는 주차장의 바닥면으로부터 170센티미터의 높이에 있는 사물을 알아볼 수 있도록 설치하여야 한다. ② 폐쇄회로 텔레비전과 녹화장치의 모니터 수가 같아야 한다. ③ 선명한 화질이 유지될 수 있도록 관리하여야 한다. ④ 촬영된 자료는 컴퓨터보안시스템을 설치하여 1개월 이상 보관하여야 한다(동시행규칙 제6조 제11호).

개되지 않은 장소(비공개 장소)'의 경우에는 명확한 규정이 없어 CCTV를 설치하여 운영하는 행위의 금지 여부에 대한 해석에서 논란의 여지가 있다. 개인정보 보호법이 CCTV와 관련하여 규율대상으로 삼고 있는 것은 공개된 장소에 한정되어 있다는 점에서 공개되지 않은 장소는 규율대상에 해당하지 않아 CCTV의 설치와 운영이 허용된다고 해석하는 것이 합리적이다. 다만 이렇게 해석하는 경우에 공개되지 않은 장소에 CCTV를 설치 · 운영하는 것은 국가기관에 의하든 사인에 의하든 모두 허용됨으로써, 국가기관이 법적 근거 없이 비공개장소에 CCTV를 설치 · 운영하거나 사인이 정당한 목적 없이도, 그리고 다른 사람의 권리를 침해할 수 있음에도 불구하고 비공개장소에 CCTV를 설치 · 운영할 수도 있는 결과를 초래한다. 이에 따라 비공개장소의 경우에도 국가기관은 원칙적으로 CCTV를 설치 · 운영할 수 없지만 법적 근거가 있을 때 예외적으로 CCTV를 설치할 수 있도록 하고, 사인은 비공개장소에 한해서 원칙적으로 CCTV를 설치 · 운영할 수 있도록 하되 정당한 목적이 제시되지 않거나 다른 사람의 권리를 침해하는 경우에는 예외적으로 금지하는 형태의 입법적 보완이 요구된다.

장소의 공개 여부에 따라 CCTV의 설치 · 운영에 대한 허용 여부를 결정한다고 해도 여전히 남는 문제는 공개된 장소와 공개되지 않은 장소의 구분이 용이하지 않다는 점이다. 일단 공개된 장소는 '불특정 다수인에게 접근이 허용된 장소'로 정의될 수 있다. 그러나 불특정 다수가 이용하는 공개된 장소의 경우에도 목욕실, 화장실, 발한실(發汗室), 탈의실 등 개인의 사생활을 현저히 침해할 우려가 있는 장소의 내부를 볼 수 있도록 영상정보처리기기를 설치 · 운영하는 행위는 금지된다(개인정보 보호법 제25조 제2항). 문제는 교도소, 정신보건 시설 등 법령에 근거하여 사람을 구금하거나 보호하는 시설의 경우에 예외적으로 불특정 다수가 이용하는 목욕실, 화장실, 발한실, 탈의실 등의 장소에 CCTV와 같은 영상정보처리기기가 설치될 수 있다는 점이다. 이에 따라 보호소년 등의 처우에 관한 법률은 "자해 등의 우려가 큰 때"로 한정하고는 있지만 여성인 보호소년 등이 사용하는 목욕탕, 세면실 및 화장실에도 영상정보처리기기를 설치하여 운영할 수 있도록 허용하고 있다(동법 제14조의3 제2항). 또한 형의 집행 및 수용자의 처우에 관한 법률 시행규칙도 "용변을 보는 하반신의 모습이 촬영되지 아니하도록 카메라의 각도를 한정하거나 화장실 차폐시설을 설치하여야" 한다는 조건을 달고 있지만 일반적으로 화장실이 함께 있는 교도소 거실에도 영상정보처리기기의 설치를 허용하고 있다(동시행규칙 제162조 제1항 및 제3항).[145] 이러한 장소에 CCTV가 설치되는 경우에는 인간의 가장 내밀한 신체부분이 촬영될 수 있다는 점에서 과도한 제한이라는 의심이 제기될 수 있다.

(2) 설치목적

공개된 장소에서 CCTV의 설치와 운영은 ① 법령에서 구체적으로 허용하고 있는 경우, ② 범죄의 예방 및 수사를 위하여 필요한 경우, ③ 시설안전 및 화재 예방을 위하여 필요한 경우, ④ 교통단속을 위하여 필요한 경우, ⑤ 교통정보의 수집 · 분석 및 제공을 위하여 필요한 경우로 제한되어 있다. 문제는 CCTV의 설치와 운영의 목적으로 열거된 '범죄의 예방과 수사', '시설안전과 화재 예방', '교통단속', '교통정보의 수집과 분석 및 제공'이 대단히 포괄적이어서 사실상 CCTV의 설치와 운영에 대한 제한의 역할을 수행할 수 없다는 점이다. 더욱이 이러한 목적 외에 다른 숨은 의도가 있다고 하더라도 이러한 목적을 내세우게 되면 CCTV의 설치는 정당화될 수 있다는 점이 문제다. 여기서 CCTV의 설치목적이 아무리 정당하다고 하더라도 이러한 목적을 실현하는 데 반드시 CCTV의 설치가 필요한지에 대한 구체적인 검토가 요구된다고 보인다. 이와 같은 구체적 검토는 CCTV의 설치로 이러한 목적이 충분히

145 군에서의 형의 집행 및 군수용자의 처우에 관한 법률 시행규칙에서도 군교정시설의 거실에 영상정보처리기기 카메라를 설치할 수 있도록 하면서 용변을 보는 하반신의 모습이 촬영되지 아니하도록 카메라의 각도를 한정하거나 화장실 가림막시설을 설치하여야 하는 조건을 달고 있다(동시행규칙 제115조 제3항).

달성될 수 있는지, CCTV의 설치 외에 다른 수단을 통해서 이러한 목적이 달성될 수는 없는지, CCTV의 설치로 달성하려는 목적이 CCTV의 설치로 침해되는 권리보다 중대한지와 같은 것들을 내용으로 한다. 따라서 CCTV를 설치해도 설치목적이 달성될 수 없는 경우, CCTV를 설치하지 않고 다른 대체수단을 통해서도 설치목적을 달성할 수 있는 경우, CCTV를 설치해서 달성하려는 목적보다 CCTV의 설치로 침해되는 법익의 가치가 더 중대한 경우에는 CCTV의 설치가 금지되어야 한다.

(3) 제3자 제공

CCTV를 통하여 수집된 개인정보는 ① 정보주체의 동의를 받은 경우, ② 법률에 특별한 규정이 있거나 법령상 의무를 준수하기 위하여 불가피한 경우, ③ 공공기관이 법령 등에서 정하는 소관 업무의 수행을 위하여 불가피한 경우, ④ 정보주체 또는 그 법정대리인이 의사표시를 할 수 없는 상태에 있거나 주소불명 등으로 사전 동의를 받을 수 없는 경우로서 명백히 정보주체 또는 제3자의 급박한 생명, 신체, 재산의 이익을 위하여 필요하다고 인정되는 경우에는 개인정보처리자가 제3자에게 제공(공유 포함)할 수 있다(개인정보 보호법 제17조 제1항). 예를 들어 병원이나 아파트에 설치된 CCTV에서 수집된 정보는 경찰이 요구하면 제공될 수 있다는 뜻이다. 이러한 경우에도 개인정보를 수집한 목적의 범위에서만 제3자에 대한 개인정보의 제공이 허용되는데(동법 제18조 제1항) ① 정보주체로부터 별도의 동의를 받은 경우, ② 다른 법률에 특별한 규정이 있는 경우, ③ 정보주체 또는 그 법정대리인이 의사표시를 할 수 없는 상태에 있거나 주소불명 등으로 사전 동의를 받을 수 없는 경우로서 명백히 정보주체 또는 제3자의 급박한 생명, 신체, 재산의 이익을 위하여 필요하다고 인정되는 경우, ④ 통계작성 및 학술연구 등의 목적을 위하여 필요한 경우로서 특정 개인을 알아볼 수 없는 형태로 개인정보를 제공하는 경우, ⑤ 개인정보를 목적 외의 용도로 이용하거나 이를 제3자에게 제공하지 아니하면 다른 법률에서 정하는 소관 업무를 수행할 수 없는 경우로서 보호위원회의 심의 · 의결을 거친 경우, ⑥ 조약, 그 밖의 국제협정의 이행을 위하여 외국정부 또는 국제기구에 제공하기 위하여 필요한 경우, ⑦ 범죄의 수사와 공소의 제기 및 유지를 위하여 필요한 경우, ⑧ 법원의 재판업무 수행을 위하여 필요한 경우, ⑨ 형(刑) 및 감호, 보호처분의 집행을 위하여 필요한 경우에는 그러한 목적 외의 용도로 제3자에게 제공할 수 있다(동법 동조 제2항). 이처럼 제3자에 대한 정보제공이 허용되는 요건이 포괄적일 뿐만 아니라 제공된 정보가 사용될 수 있는 목적 외의 용도도 포괄적이라는 점이 문제점으로 지적될 수 있다. 따라서 CCTV를 통해 수집된 개인정보를 제3자에게 제공하는 경우에도 이를 통해 달성하려는 목적을 고려한다고 해도 이러한 목적을 달성하는 데 CCTV의 설치가 반드시 필요한지에 대한 구체적 검토가 요구된다.

III. 영상감시에 관한 입법적 대안

1. 독립적 근거법률의 필요성

현재 CCTV와 같은 영상정보처리기기는 개인정보를 보호하기 위하여 제정된 '개인정보 보호법'에서 규율되고 있다. 개인정보 보호법에 따르면 "개인정보"는 살아 있는 개인에 관한 정보로서 성명, 주민등록번호 및 영상 등을 통하여 개인을 알아볼 수 있는 정보(해당 정보만으로는 특정 개인을 알아볼 수 없더라도 다른 정보와 쉽게 결합하여 알아볼 수 있는 것을 포함)로 정의된다(동법 제2조 제1호). 물론 CCTV는 사람의 영상을 촬영함으로써 그 사람의 얼굴, 차림새, 행동과 같이 개인을 식별할 수 있도록 하는 개인정보를 수집하는 것은 사실이다. 하지만 CCTV의 설치목적에서도 알 수 있듯이 CCTV는 범죄 예방이나 수사활동(범인체포), 화재 예방이나 교통정보수집 등을 위하여 이용되기 때문에 개인정보의 수집만이 유일한 목적은 아니다. 따라서 개인정보의 수집과 반드시 일치하지 않는 CCTV와 같은 영상정보처리기기를 규율하는 독립적인 근거법률이 필요해 보인다.

한편 앞서 지적한 것처럼 CCTV의 설치 · 운영에 대한 허용 여부는 CCTV가 설치 · 운영되는 장소가 공개된 곳인지 여부에 따라 결정되도록 함으로써 CCTV의 설치나 운영의 주체가 공공기관인지 또는 민간영역인지에 따른 구분을 하고 있지 않다. 이에 따라 규율대상이 아닌 비공개장소의 경우에는 공공기관이나 민간영역을 동일하게 규율하는 문제점이 발생한다. 이러한 문제점은 개인정보를 보호하기 위하여 공공부문과 민간부문을 개인정보 보호법에 따라 통합적으로 규율하면서도 종래의 '공공기관의 개인정보보호에 관한 법률'을 상당 부분 그대로 가져오고 CCTV에 관한 규율까지도 동시에 포함시키면서 발생하였다. 따라서 공공기관과 민간부문을 구분해서 규율해야 할 필요성이 있는 CCTV의 경우에는 통합적인 규율이 요구되는 개인정보 보호입법과는 달리 독립적인 근거법률을 제정하여 분리된 규율이 필요해 보인다.

2. 설치목적의 세분화

CCTV의 설치와 운영 및 정보수집, CCTV를 통해 수집된 정보의 제3자 제공 등을 규율하고 있는 현행 법률은 설치목적으로 범죄 예방과 범죄수사, 시설안전과 화재 예방, 교통단속과 교통정보수집을 들고 있는데 이러한 설치목적은 대단히 광범위하고 포괄적이다. 이에 따라 사실상 모든 CCTV의 설치가 정당화될 여지가 있다. 따라서 CCTV의 설치목적을 세분화하고 구체화할 필요성이 있다. 특히 범죄나 사고의 예방과 관련하여 CCTV를 설치함으로써 실제로 범죄나 사고가 예방될 수 있는지 그 가능성에 대한 증명이 필요하다고 판단된다. 범죄나 사고에 대한 예방가능성이 지극히 낮은데도 불구하고 설치된 CCTV는 다른 목적을 의심할 수밖에 없기 때문이다. 따라서 CCTV의 설치는 범죄나 사고가 빈번하게 발생했던 장소에 국한되고, 촬영할 수 있는 각도도 그 장소로 한정하는 것이 합리적이다. 또한 범죄나 사고가 발생할 가능성이 높은 시간대에만 일시적으로 CCTV가 작동하도록 제한적으로 운영될 필요도 있다.

3. 절차적 요건의 강화

CCTV와 같은 영상정보처리기기를 설치 · 운영하려는 공공기관의 장은 공청회 · 설명회의 개최 등 법령에서 정하는 절차를 거쳐 관계 전문가 및 이해관계인의 의견을 수렴하여야 할 의무가 있다(개인정보 보호법 제25조 제3항). 여기서 말하는 의견수렴절차는 ①「행정절차법」에 따른 행정예고의 실시 또는 의견청취, ② 해당 영상정보처리기기의 설치로 직접 영향을 받는 지역 주민 등을 대상으로 하는 설명회 · 설문조사 또는 여론조사를 의미한다(개인정보 보호법 시행령 제23조 제1항). 하지만 이러한 의견수렴절차는 강제수단이 없기 때문에 이행하지 않아도 법적으로 문제되지 않는다. 따라서 의견수렴절차를 생략한 채 영상정보처리기기를 설치하는 행위는 취소할 수 있도록 함으로써 이러한 절차가 반드시 지켜지도록 규정될 필요가 있다.

한편 CCTV와 같은 영상정보처리기기를 설치 · 운영하는 자(영상정보처리기기 운영자)는 정보주체가 쉽게 인식할 수 있도록 '안내판 설치' 등 필요한 조치를 하여야 한다(동법 제25조 제4항).[146] 하지만 ① 공공기관이 원거리 촬영, 과속 · 신호위반 단속 또는 교통흐름조사 등의 목적으로 영상정보처리기기를 설치하는 경우로서 개인정보 침해의 우려가 적은 경우 또는 ② 산불감시용 영상정보처리기기를 설치하는 경우 등 장소적 특성으로 인하여 안내판을 설치하는 것이 불가능하거나 안내판을 설치하더라도 정보주체가 쉽게 알아볼 수 없는 경우에는 안내판 설치를 갈음하여 영상정보처리기기운영자의 인터넷 홈페이지에 안내판에 포함되어야 할 내용을 게재할 수도 있다(동법 시행

146 개인정보 보호법 시행령에 따르면 ①「군사기지 및 군사시설 보호법」에 따른 군사시설, ②「통합방위법」에 따른 국가중요시설, ③「보안업무규정」에 따른 보안목표시설에 설치하는 영상정보처리기기에는 안내판을 설치하지 않을 수 있다(동시행령 제24조 제4항).

령 제24조 제2항). 안내판 설치 등의 필요한 조치를 하지 않으면 과태료가 부과된다(동법 제75조 제3항 제3호). 개인정보 보호법 시행령에 따르면 설치되는 안내판에는 ① 설치 목적 및 장소, ② 촬영 범위 및 시간, ③ 관리책임자의 성명 및 연락처가 포함되어야 한다(동시행령 제24조 제1항). 이처럼 법령에서 정한 형태로 안내판을 설치해야 할 의무가 부과되어 있지만 현실적으로는 많은 사람들이 이에 대한 관심이 없어 CCTV와 안내판의 설치 여부를 알아차리지 못하며, 경우에 따라서는 사람들이 알아볼 수 없는 장소에 안내판이 설치되어 CCTV의 설치를 눈치채지 못할 수도 있다. 따라서 CCTV와 안내판 설치의 장소와 형태를 실제로 많은 사람들이 쉽게 알아볼 수 있도록 하는 것이 중요하다.

제10장 위치감시

I. 위치감시의 개념과 현황

특정인의 위치를 확인하는 기술이 눈부시게 발전하면서 사람의 위치를 감시하는 행위의 문제가 부각되고 있다. 미국의 인공위성을 기반으로 운영되는 지피에스(GPS: global positioning system)를 필두로 한 위성위치추적시스템을 비롯해 무선주파수를 이용하는 전자태그시스템(RFID: radio frequence identification), 무선통신을 가능하게 하는 와이파이 접속지점(Wi-Fi AP: wireless fidelity access point)이나 기지국(base station)의 셀아이디(Cell-ID)와 같은 통신 시스템과 설비를 활용하여 특정한 사람이나 물건의 위치 및 이동을 추적하는 일이 용이해졌다.[147] 위치는 기본적으로 지구상의 어떤 한 점, 즉 위도와 경도의 접점을 의미하지만 그 점이 연결되면 일정한 선이 되고, 그것은 특정인 또는 특정물건의 이동경로가 된다. 따라서 위치추적은 과거 또는 현재의 이동경로에 대한 감시를 뜻하고, 미래의 이동경로에 대한 예측도 가능하게 한다는 점에서 이동의 비밀에 대한 심각한 침해를 발생시킬 수 있다. 물론 위치추적기술을 활용하면 지구상의 어느 위치도 쉽게 확인할 수 있는 지도로 활용

147 개인위치정보를 감시하는 기술에 대한 상세한 설명은 남중권, 〈개인위치정보 감시에 관한 헌법적 연구〉, 고려대학교 대학원 석사학위논문(2014), 34면 이하 참조.

할 수 있고, 범죄자의 위치나 이동경로를 탐색함으로써 범죄수사에 도움이 될 수 있으며, 사고발생 시에 피해자의 휴대전화에 설치된 위성위치추적시스템을 활용하여 위치를 확인하는 데 이용될 수 있다는 장점도 부인하기 어렵다. 하지만 현재의 위치추적기술은 개인의 이동을 세밀하게 감시하는 수단으로 활용될 수 있다는 점에서 산업적 또는 공익적 장점만이 지나치게 부각되는 일은 없어야 할 것으로 보인다.

II. 위치감시의 법적 근거

1. 근거법률

개인의 위치에 대한 감시는 사생활의 비밀, 즉 개인이 과거나 현재 또는 미래에 위치하는 장소에 관한 비밀을 제한할 뿐만 아니라 이를 통해 개인의 자유로운 이동까지 위축시키는 행위이므로 '법률유보원칙'에 따라 법적 근거가 필요하다. 위치감시를 규율하기 위한 법률로 위치정보의 보호 및 이용 등에 관한 법률(이하 '위치정보법'으로 약칭)이 제정되어 있다.[148] 이 법률에 따르면 '위치정보'는 "이동성이 있는 물건 또는 개인이 특정한 시간에 존재하거나 존재하였던 장소에 관한 정보로서 전기통신설비 및 전기통신회선설비를 이용하여 수집된 것"으로 정의된다(동법 제2조 제1호). 그리고 이 가운데 '개인위치정보'는 "특정 개인의 위치정보(위치정보만으로는 특정 개인의 위치를 알 수 없는 경우에도 다른 정보와 용이하게 결합하여 특정 개인의 위치를 알 수 있는 것을 포함)"로 한정된다(동법 동조 제2호). 그러면서 "개인 또는 소유자의 동의를 얻지 아니하고 당해 개인 또는 이동성이 있는 물건의 위치정보를 수집·이용 또는 제공"하는 행위를 금지한다(동법 제15조 제1항). 이에 따라 본인의 동의를 얻으

148 위치정보법의 내용과 법적 쟁점에 대해서는 이민영, 〈긴급구조 목적의 위치정보 활용에 관한 법적 쟁점〉, 《성균관법학》(성균관대학교 법학연구소), 제25권 제1호(2013), 227면 이하 참조.

면 개인위치정보의 수집이 가능하고, 본인의 동의를 얻지 않고 개인위치정보를 수집하거나 이용하거나 제공한 자는 형사처벌을 받게 된다(동법 제40조 제4호).

2. 강제적 위치감시

(1) 위치정보법에 따른 강제적 위치감시

개인위치정보의 수집은 본인의 동의가 있는 '임의적 위치추적'의 경우에만 허용되기 때문에 본인의 동의가 없는 '강제적 위치추적'은 원칙적으로 금지된다. 하지만 본인의 동의 없이도 개인위치정보의 수집이 허용되는 경우가 있다. 예컨대 생명이나 신체에 대한 급박한 위험을 당하고 있는 사람을 긴급하게 구조하기 위한 목적에서는 본인의 동의 없이도 개인위치정보의 수집이 가능하다. 주로 교통사고나 범죄행위로 긴박한 위험에 처한 사람을 구하기 위하여 그 사람이 현재 위치하는 장소를 경찰이나 소방관서가 찾아내는 데 활용된다. 이 경우에는 생명이나 신체에 관한 법익과 사생활의 비밀에 관한 법익이 충돌하게 되는데 생명이나 신체에 대한 급박한 위험으로 긴급한 구조가 필요하다면 이것은 전자가 후자보다 우월한 경우에 해당하기 때문이다. 따라서 생명이나 신체를 보호함으로써 얻는 법익보다 사생활의 비밀을 보장해줌으로써 얻는 법익이 더욱 크다면 강제적 위치추적은 허용될 수 없다.

우선「재난 및 안전관리 기본법」에 따른 긴급구조기관은 급박한 위험으로부터 생명 · 신체를 보호하기 위하여 개인위치정보주체, 개인위치정보주체의 배우자, 개인위치정보주체의 2촌 이내의 친족 또는「민법」에 따른 미성년후견인의 긴급구조요청이 있는 경우에는 긴급구조 상황 여부를 판단하여 위치정보사업자에게 개인위치정보의 제공을 요청할 수 있다(위치정보법 제29조 제1항). 본인의 요청이 없어도 일정한 범위의 가족이 요청하면 특정한 개인의 위치에 대한 추적이 가능하다는 뜻이다. 재난 및 안전관리 기본법에 따르면 긴급구조기관은 국민안전처, 소방본부 및 지방해양경비안전본부, 소방서 및 해양경비안전서를 의미한다(동법 제3조 제7호).[149] 다음으로 경찰관서, 즉 경찰청·지방경찰청·경찰서는 위치정보사업자에게 ① 생명·신체를 위협하는 급박한 위험으로부터 자신 또는 다른 사람 등 구조가 필요한 사람을 보호하기 위하여 구조를 요청한 경우에 구조를 요청한 자의 개인위치정보, ② 구조받을 사람이 다른 사람에게 구조를 요청한 경우에 구조받을 사람의 개인위치정보, ③「실종아동 등의 보호 및 지원에 관한 법률」에 따른 실종아동 등[150]의 생명·신체를 보호하기 위하여 보호자가 실종아동 등에 대한 긴급구조를 요청한 경우에 실종아동 등의 개인위치정보의 제공을 요청할 수 있다(위치정보법 제29조 제2항). 다만, 경찰관서가 다른 사람의 생명·신체를 보호하기 위하여 구조를 요청한 자(목격자)의 개인위치정보를 제공받으려면 목격자의 동의를 받아야 한다. 긴급구조기관이나 경찰관서의 요청을 받은 위치정보사업자는 해당 개인위치정보주체의 동의 없이 개인위치정보를 수집할 수 있으며, 개인위치정보주체의 동의가 없음을 이유로 긴급구조기관 또는 경찰관서의 요청을 거부할 수 없다(동법 동조 제5항).

149 2014년 11월 19일 개정 정부조직법이 시행되면서 국무총리 소속의 국민안전처가 신설되고(동법 제22조의 2), 소방방재청 및 해양경찰청의 근거규정(개정 전 정부조직법 제34조 제6항·제7항 및 제43조 제2항·제3항)이 삭제되었다. 이에 따라 기존 소방방재청의 소방·방재 기능과 해양경찰청의 해양 경비·안전·오염방제 및 해상에서 발생한 사건의 수사 기능은 국민안전처로 이관되었고, 행정자치부로 변경된 기존 안전행정부의 재난안전 총괄·조정 기능도 국민안전처로 이관·통합되었다. 또한 개정 전 시행된 재난 및 안전관리 기본법에서는 긴급구조기관을 소방방재청·소방본부 및 소방서와 해양경찰청·지방해양경찰청 및 해양경찰서로 규정하였으나, 정부조직법과 함께 시행된 개정 재난 및 안전관리 기본법에서는 긴급구조기관을 국민안전처, 소방본부 및 지역해양경비안전본부, 소방서 및 해양경비안전서로 규정하였다(동법 제3조 제7호). 이로 인해 긴급구조기관으로서 국민안전처의 수사 및 정보 기능은 해상에서 발생한 사건에 한정되고, 그 밖의 사건에 대한 수사 및 정보 기능은 경찰청으로 이관되었다.

150 실종아동 등의 보호 및 지원에 관한 법률에 따르면 ① 실종 당시 18세 미만인 아동뿐만 아니라 ②「장애인복지법」의 장애인 중 지적장애인, 자폐성장애인 또는 정신장애인, ③「치매관리법」의 치매환자도 이 법률의 보호대상에 포함된다(동법 제2조 제1호).

(2) 통신비밀보호법에 따른 강제적 위치감시

범죄수사 또는 국가안보의 목적으로 수사기관 또는 정보기관에서는 통신사실 확인자료의 제공을 요청할 수 있는데 여기에 포함된 와이파이 접속지점(Wi-Fi AP)이나 기지국의 위치를 확인하면 통신주체의 위치에 대한 추적이 가능하다. 이처럼 통신사실 확인자료를 통한 위치추적도 가능하지만 목적이 '범죄수사'나 '국가안보'로 제한되어 있고, 절차적으로 '법원의 허가'가 필요하다는 점이 특징이다.

(3) 이른바 '전자발찌법'에 따른 강제적 위치감시

특정한 범죄자의 재범을 방지하기 위하여 위치를 추적하는 전자장치를 부착하게 할 수 있는 근거법률로 특정 범죄자에 대한 보호관찰 및 전자장치 부착 등에 관한 법률(이하 '전자장치부착법'으로 약칭)이 제정되어 있다.[151] 여기서 특정범죄는 ① 성폭력범죄,[152] ② 미성년자 대상 유괴범죄,[153] ③ 살인범죄[154] 및

---

151 이 법률의 내용과 성격에 대한 논의로 윤영철, 〈우리나라의 전자감시제도에 관한 비판적 소고 — '특정 성폭력범죄자에 대한 위치추적 전자장치 부착에 관한 법률'을 중심으로〉, 《형사정책연구》(한국형사정책연구원), 제19권 제3호(2008), 201면 이하; 정신교, 〈전자감시제도의 활용방안에 관한 연구〉, 《홍익법학》(홍익대학교 법학연구소), 제12권 제2호(2011), 11면 이하 참조.

152 '성폭력범죄'는 ①「형법」 제2편 제32장 강간과 추행의 죄 중 제297조(강간) · 제298조(강제추행) · 제299조(준강간, 준강제추행) · 제300조(미수범) · 제301조(강간 등 상해 · 치상) · 제301조의2(강간 등 살인 · 치사) · 제302조(미성년자등에 대한 간음) · 제303조(업무상위력 등에 의한 간음) · 제305조(미성년자에 대한 간음, 추행) · 제305조의2(상습범), 제2편 제38장 절도와 강도의 죄 중 제339조(강도강간) · 제340조(해상강도) 제3항(부녀를 강간한 죄만을 말한다) 및 제342조(미수범)의 죄(제339조 및 제340조 제3항 중 부녀를 강간한 죄의 미수범만을 말한다), ②「성폭력범죄의 처벌 등에 관한 특례법」 제3조(특수강도강간 등)부터 제10조(업무상 위력 등에 의한 추행)까지의 죄 및 제15조(미수범)의 죄(제3조부터 제9조까지의 미수범만을 말한다), ③「아동 · 청소년의 성보호에 관한 법률」 제7조(아동 · 청소년에 대한 강간, 강제추행 등)의 죄, ④ 위의 죄로서 다른 법률에 따라 가중 처벌되는 죄를 말한다(전자장치부착법 제2조 제2호).

153 '미성년자 대상 유괴범죄'는 ① 미성년자에 대한「형법」 제287조부터 제292조까지, 제294조, 제296조, 제324조의2 및 제336조의 죄, ② 미성년자에 대한「특정범죄가중처벌 등에 관한 법률」 제5조의2(약취 · 유인죄의 가중처벌)의 죄, ③ 위의 죄로서 다른 법률에 따라 가중 처벌되는 죄를 뜻한다(전자장치부착법 제2조 제3호).

154 '살인범죄'는 ①「형법」 제2편 제1장 내란의 죄 중 제88조(내란목적의 살인) · 제89조(미수범)

④ 강도범죄[155]를 의미한다(동법 제2조 제1호). 그리고 위치추적 전자장치는 전자파를 발신하고 추적하는 원리를 이용하여 위치를 확인하거나 이동경로를 탐지하는 일련의 기계적 설비를 뜻한다(동법 동조 제4호).

우선 성폭력범죄의 경우에 검사는 ① 성폭력범죄로 징역형의 실형을 선고받은 사람이 그 집행을 종료한 후 또는 집행이 면제된 후 10년 이내에 성폭력범죄를 저지른 때, ② 성폭력범죄로 전자장치를 부착받은 전력이 있는 사람이 다시 성폭력범죄를 저지른 때, ③ 성폭력범죄를 2회 이상 범하여(유죄의 확정판결을 받은 경우를 포함) 그 습벽이 인정된 때, ④ 19세 미만의 사람에 대하여 성폭력범죄를 저지른 때, ⑤ 신체적 또는 정신적 장애가 있는 사람에 대하여 성폭력범죄를 저지른 때 중 하나에 해당하고, 성폭력범죄를 다시 범할 위험성이 있다고 인정되는 사람에 대하여 전자장치를 부착하도록 하는 명령을 법원에 청구할 수 있다(동법 제5조 제1항). 다음으로 미성년자 대상 유괴범죄의 경우에 이 범죄를 저지른 사람으로서 미성년자 대상 유괴범죄를 다시 범할 위험성이 있다고 인정되는 사람에 대하여 검사는 부착명령을 법원에 청구

의 죄(제88조의 미수범만을 말한다), 제2편 제24장 살인의 죄 중 제250조(살인, 존속살해) · 제251조(영아살해) · 제252조(촉탁, 승낙에 의한 살인 등) · 제253조(위계 등에 의한 촉탁살인 등) · 제254조(미수범) · 제255조(예비, 음모), 제2편 제32장 강간과 추행의 죄 중 제301조의2(강간 등 살인 · 치사) 전단, 제2편 제37장 권리행사를 방해하는 죄 중 제324조의4(인질살해 · 치사) 전단 · 제324조의5(미수범)의 죄(제324조의4 전단의 미수범만을 말한다), 제2편 제38장 절도와 강도의 죄 중 제338조(강도살인 · 치사) 전단 · 제340조(해상강도) 제3항(사람을 살해한 죄만을 말한다) 및 제342조(미수범)의 죄(제338조 전단 및 제340조 제3항 중 사람을 살해한 죄의 미수범만을 말한다), ②「성폭력범죄의 처벌 등에 관한 특례법」 제9조(강간 등 살인 · 치사) 제1항의 죄 및 제15조(미수범)의 죄(제9조 제1항의 미수범만을 말한다), ③「특정범죄 가중처벌 등에 관한 법률」 제5조의2(약취 · 유인죄의 가중처벌) 제2항 제2호의 죄 및 같은 조 제6항의 죄(같은 조 제2항 제2호의 미수범만을 말한다), ④ 위의 죄로서 다른 법률에 따라 가중처벌되는 죄를 의미한다(전자장치부착법 제2조 제3호의 2).

155 '강도범죄'는 ①「형법」 제2편 제38장 절도와 강도의 죄 중 제333조(강도) · 제334조(특수강도) · 제335조(준강도) · 제336조(인질강도) · 제337조(강도상해, 치상) · 제338조(강도살인 · 치사) · 제339조(강도강간) · 제340조(해상강도) · 제341조(상습범) · 제342조(미수범)의 죄(제333조부터 제341조까지의 미수범만을 말한다) 및 제343조(예비, 음모)의 죄, ②「성폭력범죄의 처벌 등에 관한 특례법」 제3조(특수강도강간 등) 제2항 및 제15조(미수범)의 죄(제3조 제2항의 미수범만을 말한다), ③ 위의 죄로서 다른 법률에 따라 가중처벌되는 죄를 의미한다(전자장치부착법 제2조 제3호의 3).

할 수 있는데, 유괴범죄로 징역형의 실형 이상의 형을 선고받아 그 집행이 종료 또는 면제된 후 다시 유괴범죄를 저지른 경우에는 반드시 부착명령을 청구하여야 한다(동법 동조 제2항). 그리고 살인범죄의 경우에도 이 범죄를 저지른 사람으로서 살인범죄를 다시 범할 위험성이 있다고 인정되는 사람에 대하여 검사는 부착명령을 법원에 청구할 수 있는데, 살인범죄로 징역형의 실형 이상의 형을 선고받아 그 집행이 종료 또는 면제된 후 다시 살인범죄를 저지른 경우에는 반드시 부착명령을 청구하여야 한다(동법 동조 제3항). 마지막으로 강도범죄의 경우에도 ① 강도범죄로 징역형의 실형을 선고받은 사람이 그 집행을 종료한 후 또는 집행이 면제된 후 10년 이내에 다시 강도범죄를 저지른 때, ② 강도범죄로 이 법에 따른 전자장치를 부착하였던 전력이 있는 사람이 다시 강도범죄를 저지른 때, 또는 ③ 강도범죄를 2회 이상 범하여(유죄의 확정판결을 받은 경우를 포함한다) 그 습벽이 인정된 때 중 하나에 해당하고, 강도범죄를 다시 범할 위험성이 있다고 인정되는 사람에 대하여도 검사는 부착명령을 법원에 청구할 수 있다(동법 동조 제4항). 검사의 청구가 이유 있다고 인정되면 법원은 부착명령을 선고하게 되는데,[156] 그 기간은 다음과 같다(동법 제9조 제1항).[157]

- 법정형의 상한이 사형 또는 무기징역인 특정범죄: 10년 이상 30년 이하
- 법정형 중 징역형의 하한이 3년 이상의 유기징역인 특정범죄(제1호에 해당하는 특정범죄는 제외한다): 3년 이상 20년 이하

156 ① 부착명령 청구가 이유 없다고 인정하는 경우, ② 특정범죄사건에 대하여 무죄(심신상실을 이유로 치료감호가 선고된 경우는 제외한다) · 면소 · 공소기각의 판결 또는 결정을 선고하는 경우, ③ 특정범죄사건에 대하여 벌금형을 선고하는 경우, ④ 특정범죄사건에 대하여 선고유예 또는 집행유예를 선고하는 경우(제28조 제1항에 따라 전자장치 부착을 명하는 때를 제외한다) 중 하나에 해당하면 법원은 부착명령 청구를 기각한다(전자장치부착법 제9조 제4항).

157 여러 개의 특정범죄에 대하여 동시에 부착명령을 선고할 때에는 법정형이 가장 중한 죄의 부착기간 상한의 2분의 1까지 가중하되, 각 죄의 부착기간의 상한을 합산한 기간을 초과할 수 없으며, 하나의 행위가 여러 특정범죄에 해당하는 경우에는 가장 중한 죄의 부착기간을 부착기간으로 한다(전자장치부착법 제9조 제2항).

- 법정형 중 징역형의 하한이 3년 미만의 유기징역인 특정범죄(제1호 또는 제2호에 해당하는 특정범죄는 제외한다): 1년 이상 10년 이하

3. 상업적 위치감시

개인 또는 이동성이 있는 물건의 위치정보는 본인 또는 소유자의 동의를 얻었을 때 이를 수집하거나 이용하거나 제공하는 행위가 허용된다. 이에 따라 위치정보를 수집하여 위치기반서비스사업자에게 제공하는 것을 사업으로 영위하는 '위치정보사업자'는 본인 또는 소유자의 동의를 얻어 위치정보를 얻으려고 한다. 여기서 정보주체가 위치정보의 수집에 제대로 동의하기 위해서는 동의하기 전에 그 내용에 대하여 충분하게 인지할 필요성이 생긴다. 이에 따라 위치정보법은 위치정보사업자가 개인위치정보의 수집을 위하여 동의를 받을 때 '이용약관'의 형식을 요구하면서 여기에 반드시 포함될 내용을 명시하고 있다. ① 위치정보사업자의 상호, 주소, 전화번호 그 밖의 연락처, ② 개인위치정보주체 및 법정대리인(법정대리인의 동의를 얻어야 하는 경우에 한함)의 권리와 그 행사방법, ③ 위치정보사업자가 위치기반서비스사업자에게 제공하고자 하는 서비스의 내용, ④ 위치정보 수집사실 확인자료의 보유근거 및 보유기간, ⑤ 그 밖에 개인위치정보의 보호를 위하여 필요한 사항으로서 대통령령이 정하는 사항[158]이 그것이다(동법 제18조 제1항).

위치기반서비스사업자의 경우에도 개인위치정보를 이용하여 서비스를 제공하고자 하면 미리 '이용약관'의 형식으로 필수적인 내용을 명시한 후에 개인위치정보주체의 동의를 얻어야 한다. 이용약관에 필수적으로 포함될 내용으로는 ① 위치기반서비스사업자의 상호, 주소, 전화번호 그 밖의 연락처, ② 개인위치정보주체 및 법정대리인(법정대리인의 동의를 얻어야 하는 경우에 한함)의 권리와 그 행사방법, ③ 위치기반서비스사업자가 제공하고자 하는 위치기

158 여기에서 "대통령령이 정하는 사항"이란 개인위치정보의 수집방법을 말한다(위치정보법 시행령 제22조).

반서비스의 내용, ④ 위치정보 이용 · 제공사실 확인자료의 보유근거 및 보유기간, ⑤ 그 밖에 개인위치정보의 보호를 위하여 필요한 사항으로서 대통령령이 정하는 사항이 포함된다(동법 제19조 제1항).[159]

III. 위치감시의 문제점과 대안

1. 긴급구조의 남용가능성

긴급구조기관이나 경찰관서는 생명이나 신체에 대한 급박한 위험이 발생하여 긴급한 구조가 필요한 경우에 개인위치정보를 제공받을 수 있다. 이러한 위험의 급박성이나 구조의 긴급성에 대한 판단은 긴급구조기관이나 경찰관서의 판단에 전적으로 맡겨져 있다. 그리고 긴급구조기관이나 경찰관서의 요청이 있으면 위치정보사업자는 이에 반드시 응해야 한다(위치정보법 제29조 제5항). 따라서 긴급구조기관이나 경찰관서의 남용가능성을 배제할 수는 없다. 물론 긴급구조는 본인이나 배우자 등의 요청이 있어야 하고, 이러한 요청은 공공질서의 유지와 공익증진을 위하여 부여된 특수번호 전화서비스[160]를 통한 호출에 한정되어 있기는 하지만(동법 제29조 제4항) 남용가능성을 완전히 배제하기는 어렵다.[161] 특히 경찰관서가 긴급구조를 목적으로 개인위치정보의 제공을 요구하는 경우에 이러한 긴급구조 목적의 위치정보 제공요구는

---

159 여기에서 "대통령령이 정하는 사항"이란 위치정보법 제19조 제3항에 따른 통보에 관한 사항을 말하고, 동법 제19조 제3항에 따른 통보사항은 "제공받는 자, 제공일시 및 제공목적"이다.

160 위치정보의 보호 및 이용 등에 관한 법률 시행령에 따르면 특수번호 전화서비스에는 ① 화재·구조·구급 등 긴급한 민원사항 신고용 특수번호로 119, ② 해양에서의 사고 등 긴급한 민원사항 신고용 특수번호로 122, ③ 범죄 피해 등으로부터의 구조 등 긴급한 민원사항 신고용 특수번호로 112가 포함된다(동시행령 제29조).

161 긴급구조의 오 · 남용에 대한 개선방안에 대해서는 이원상, 〈형사사법에 있어 개인위치정보에 대한 고찰 — 긴급구조 및 수사를 중심으로〉, 《형사정책연구》(한국형사정책연구원), 제23권 제2호(2012), 123면 이하 참조.

"생명 · 신체를 위협하는 급박한 위험"이라는 상황적 요건을 전제로 하지만, 경찰관서가 위치정보사업자에게 위치정보의 제공을 요구할 때 위치정보사업자가 일일이 이러한 요건을 충족했는지를 확인할 수는 없다. 이에 따라 경찰관서가 범죄수사나 그 밖의 목적으로 위치정보의 제공을 요구할 수 있는 가능성도 배제할 수는 없다. 또한 경찰관서는 구조받을 사람이 다른 사람에게 구조를 요청한 경우에 구조받을 사람의 개인위치정보를 제공받을 수 있는데 실제로 경찰관서에 구조를 요청한 사람의 말만 듣고 긴급구조 여부를 판단할 수밖에 없기 때문에 제3자에 의한 악용가능성을 배제할 수 없다. 경찰관서는 구조받을 사람의 의사를 확인해야 할 의무가 있지만(동법 동조 제3항) 급박한 상황에서 이러한 의사확인이 제대로 이루어질지가 의문이기 때문이다. 상황의 급박성으로 인해 사전에 긴급구조의 요건을 충족했는지 여부를 판단할 수 없다면 이에 대한 사후 판단이 필요하다. 현재는 긴급구조기관 및 경찰관서와 긴급구조업무에 종사하거나 종사하였던 사람이 긴급구조 목적으로 제공받은 개인위치정보를 긴급구조 외의 목적에 사용하면 형사처벌을 받고(동법 제39조 제5호), 긴급구조를 허위로 요청한 자에 대해서 과태료가 부과된다(동법 제43조 제2항 제11호). 긴급구조 외의 목적으로 사용하는 행위만 처벌받기 때문에 긴급구조가 필요한 상황이었다고 주장하면 형사적으로 면책될 가능성이 높고, 허위의 긴급구조요청에 대해서만 행정벌이 부과되기 때문에 진실한 긴급구조요청이었다고 주장하면 행정적으로 면책될 가능성도 높다.

2. 동의의 형식화

위치정보사업자나 위치기반서비스사업자는 원칙적으로 정보주체의 동의를 받은 경우에만 위치정보의 수집이나 이용이 가능하다. 이러한 동의는 '이용약관'의 형식으로 하되 약관에는 ① 위치정보사업자의 상호, 주소, 전화번호 그 밖의 연락처, ② 개인위치정보주체 및 법정대리인(법정대리인의 동의를 얻어야 하는 경우에 한정)의 권리와 그 행사방법, ③ 위치정보사업자가 위치기반서비스사업자에게 제공하고자 하는 서비스의 내용, ④ 위치정보 수집사실 확인자료의 보유근거 및 보유기간, ⑤ 그 밖에 개인위치정보의 보호를 위하여 필요한 사항으로서 대통령령이 정하는 사항[162]이 포함되어야 한다(위치정보법 제18조 제1항). 하지만 약관의 형식으로 제공되는 동의의 내용에 대해서 정보주체가 충분히 인식하지 못한 상태에서 동의할 가능성이 높다. 약관의 내용이 복잡하고 그 분량도 상당하여 정보주체가 동의할 내용을 숙지하는 것에 대해서 불편하다고 느낄 수 있기 때문이다. 또한 약관은 전체에 대한 동의의 형태로 되어 있기 때문에 부분적으로 동의하지 않는 내용이 있더라도 포괄적으로 동의할 수밖에 없는 것이 현실이다. 정보주체가 약관의 내용을 충분히 숙지할 수 있는 상태에서 동의할 수 있도록 하는 기술 조치가 필요하고, 약관의 내용을 가능한 대로 세분화하여 정보주체의 부분 동의가 가능할 수 있는 약관의 구성이 요구된다.

3. 정보주체의 권리 약화

위치정보사업자가 개인위치정보를 수집하는 경우나 위치기반서비스사업자가 개인위치정보를 이용하여 서비스를 제공하는 경우에는 정보주체의 동의를 얻어야 하는데 정보주체에게는 이러한 동의의 전부 또는 일부를 철회할 수 있는 권리가 보장된다(위치정보법 제24조 제1항). 또한 정보주체는 위치정보사업자나 위치기반서비스사업자에 대하여 언제든지 개인위치정보의 수집, 이용 또는 제공의 일시적인 중지를 요구할 수 있는 권리도 보장되어 있다(동법 동조 제2항). 그리고 정보주체는 ① 본인에 대한 위치정보 수집 · 이용 · 제공사실 확인자료 또는 ② 본인의 개인위치정보가 위치정보법이나 다른 법률의 규정에 의하여 제3자에게 제공된 이유 및 내용의 열람 또는 고지를 요구할 수 있는 권리와 당해 자료 등에 오류가 있는 경우에는 그 정정을 요구할

162 위치정보의 보호 및 이용 등에 관한 법률 시행령에 따르면 개인위치정보의 수집방법이 이에 해당한다(동시행령 제22조).

수 있는 권리도 보장받는다(동법 동조 제3항). 개인위치정보의 수집, 이용 또는 제공의 일시적인 중지를 요구받고도 이를 거절하거나 기술적 수단을 갖추지 않은 경우 또는 위치정보 수집·이용·제공사실 확인자료 또는 제3자 제공 이유 및 내용의 열람 또는 고지를 요구받고도 이를 거절하는 경우에는 과태료가 부과된다(동법 제43조 제1항 제5호 및 제2항 제9호). 개인위치정보의 수집과 이용 및 제공과 관련된 정보주체의 권리를 실질적으로 보장하기 위해서는 이러한 권리가 정보주체에게 보장되어 있다는 사실을 정보주체가 알 필요가 있고, 이러한 권리가 침해되었을 때 위치정보사업자나 위치기반서비스사업자에게 과태료를 부과함으로써 이러한 권리를 보호할 필요가 있다. 하지만 정보주체가 이러한 권리가 보장되어 있다는 사실을 인식하고 있고, 정부가 이러한 권리를 침해하는 위치정보사업자나 위치기반서비스사업자에 대하여 적극적으로 제재하고 있는지에 대해서는 의문이 제기된다.

4. 범죄자에 대한 상시감시의 과도함

위치를 추적하기 위한 전자장치(이른바 '전자발찌')가 부착된 사람(피부착자)[163]은 전자장치의 부착기간 중 전자장치를 신체에서 임의로 분리·손상, 전파 방해 또는 수신자료의 변조, 그 밖의 방법으로 그 효용을 해하는 행위가 금지된다(전자장치부착법 제14조 제1항). 피부착자가 이러한 금지를 위반하면 형벌이 부과된다(동법 제38조). 이처럼 전자장치는 '가해제'[164]의 결정을 받거

163 전자발찌의 부착명령은 특정범죄사건에 대한 형의 집행이 종료되거나 면제·가석방되는 날 또는 치료감호의 집행이 종료·가종료되는 날 석방 직전에 피부착명령자의 신체에 전자장치를 부착함으로써 집행하되, 부착명령의 원인이 된 특정범죄사건이 아닌 다른 범죄사건으로 형이나 치료감호의 집행이 계속될 경우에는 부착명령의 원인이 된 특정범죄사건이 아닌 다른 범죄사건에 대한 형의 집행이 종료되거나 면제·가석방되는 날 또는 치료감호의 집행이 종료·가종료되는 날부터 집행한다(전자장치부착법 제13조 제1항).

164 전자발찌의 부착명령에 대한 집행이 개시된 날로부터 3개월이 지나면 보호관찰소의 장 또는 피부착자 및 그 법정대리인은 해당 보호관찰소를 관할하는 심사위원회에 부착명령의 '가해제'를 신청할 수 있다(전자장치부착법 제17조 제1항 및 제2항). 신청을 받은 심사위원회는 피부착자의 인격, 생활태도, 부착명령 이행상황 및 재범의 위험성에 대하여 보호관찰관 등 전문가의 의견을 반드시 고

나 피부착자가 사면되지 않는 한 부착기간 동안 24시간 부착되어 있기 때문에 상시적으로 특정 범죄자의 행동을 감시하게 된다. 또한 부착명령의 선고와 함께 ① 야간 등 특정 시간대의 외출제한, ② 특정지역 · 장소에의 출입금지, ③ 주거지역의 제한, ④ 피해자 등 특정인에의 접근금지, ⑤ 특정범죄 치료 프로그램의 이수, ⑥ 그 밖에 부착명령을 선고받는 사람의 재범방지와 성행교정을 위하여 필요한 사항과 같은 준수사항이 추가로 부과될 수 있기 때문에(동법 제9조의2 제1항)[165] 행동의 자유와 거주 · 이전에 대한 제한이 추가된다. 그리고 피부착자는 주거를 이전하거나 7일 이상의 국내여행을 하거나 출국할 때에는 미리 보호관찰관의 허가를 받아야 하므로(동법 제14조 제3항) 거주 · 이전의 자유에 포함된 여행의 자유에 대한 추가적 제한도 받게 된다. 따라서 전자발찌는 특정 범죄자의 기본권을 과도하게 제한하고 있다는 의심을 불러일으킨다.

하지만 헌법재판소는 전자발찌제도에 대하여 "성폭력범죄로부터 국민을 보호하고 성폭력범죄자의 재범을 방지하고자 하는 입법목적"의 정당성을 인정하면서[166] "국가가 자신의 위치를 24시간 추적하고 있음을 알고 있는 상태에서는 쉽게 범죄로 나아가지 못할 것이므로, … 범죄 예방에 큰 효과가 있을 것임은 충분히 짐작할 수 있"어 수단의 적절성도 인정하였다.[167] 또한 전자발찌의 부착으로 "자신의 위치가 24시간 국가에 노출되므로 이로 인하여 행동(신체활동)의 자유가 심리적으로 위축된다는 것일 뿐 행동(신체활동) 자체가

려하여 피부착자가 부착명령이 계속 집행될 필요가 없을 정도로 개선되어 재범의 위험성이 없다고 인정하는 때에는 부착명령의 가해제를 결정할 수 있다(동법 제18조 제1항 및 제4항). 그렇지만 보호관찰소의 장은 부착명령이 가해제된 자가 특정범죄를 저지르거나 주거이전 상황 등의 보고에 불응하는 등 재범의 위험성이 있다고 판단되는 때에는 심사위원회에 가해제의 취소를 신청할 수 있고, 심사위원회는 가해제된 자의 재범의 위험성이 현저하다고 인정될 때에는 가해제를 취소하여야 한다(동법 제19조 제1호).

165 이러한 준수사항을 위반하면 1년의 범위에서 부착기간이 연장될 수 있고, 외출제한 외의 다른 준수사항을 위반하면 형벌이 부과될 수도 있다(전자장치부착법 제39조 제1항 및 제3항).

166 헌재 2012. 12. 27. 2011헌바89, 판례집 24-2하, 364, 380면 참조.

167 헌재 2012. 12. 27. 2011헌바89, 판례집 24-2하, 364, 380면 참조.

금지되거나 물리적으로 제한되는 것은 아니"라고 하면서 "특정범죄자 전자감시는 전자감시대상자의 재택 유무와 위치파악이 주목적이며 행동이나 대화내용까지 통제하는 것이 아니고, 24시간 대상자를 거주지 등에 머무르도록 강제하는 것이 아니"라고 본다.[168] 동시에 가해제제도와 같이 인권침해를 최소화할 수 있는 조치를 마련하고 있어 침해의 최소성 원칙에도 위반되지 않는다고 한다. 그리고 전자발찌로 피부착자가 입는 불이익은 "전자파를 송신하는 전자장치를 발목에 착용하여야만 하고 자신의 위치가 24시간 국가에 노출된다는 것", "전자장치의 부착에 따른 옷차림과 행동에 어느 정도의 제약이 따르게 된다는 것", "국가가 자신의 위치를 추적한다는 사실로부터 오는 자존감이나 명예감의 실추, 심리적 위축감", "전자파를 송신하는 전자장치를 24시간 착용한 채 생활하여야 하므로 그에 따른 생활상의 제약"으로 그다지 크지 않은 반면에 성폭력범죄로 인하여 피해자와 그 가족 및 사회 전체가 입게 되는 피해를 고려할 때 성폭력범죄로부터 국민을 보호할 공익이 매우 크기 때문에 법익의 균형성도 충족하였다고 본다.[169] 그렇지만 전자발찌가 재범방지에 도움이 된다는 명확한 증거가 없는 상태에서 피부착자가 입게 되는 피해의 정도를 매우 미미한 것으로 단정한 논리에는 여전이 의문이 남는다. 전자발찌의 상시착용으로 재범방지의 효과가 실제로 발생하는지를 엄밀하게 검토하고, 전자발찌의 상시착용이 아닌 다른 재범방지수단이 없는지에 대한 검토도 필요하며, 비록 재범방지를 통한 피해자보호의 이익이 크다고 하더라도 전자발찌의 상시착용으로 침해되는 기본적 인권에 포함된 가치의 중대성도 함께 고려될 필요가 있다.

168 헌재 2012. 12. 27. 2011헌바89, 판례집 24-2하, 364, 380면 이하 참조.

169 헌재 2012. 12. 27. 2011헌바89, 판례집 24-2하, 364, 382면 이하 참조.

결론

특정한 대상에 관한 정보의 수집을 의미하는 감시는 다양한 형태로 이루어진다. 감시하는 주체에 따라 국가에 의한 감시와 사인에 의한 감시가 있고, 법적 근거가 존재하는지에 따라 합법적 감시와 불법적 감시도 있다. 처음부터 감시의 목적을 가졌는지에 따라 의도적 감시와 잠재적 감시로 나뉘며, 감시주체와 감시대상이 구분될 수 있는지에 따라 외부적 감시와 내면적 감시가 된다. 감시대상이 은밀한지에 따라 관음적 감시와 주시적 감시가 있고, 감시하는 수단이나 방법에 따라 인적 감시와 기술적 감시도 있다. 감시대상이 감시행위를 인식하는지에 따라 은밀한 감시와 공개된 감시가 있으며, 감시에 대하여 감시대상이 동의하는지에 따라 강제적 감시와 임의적 감시도 있다. 감시로 인하여 침해되는 법익이 비밀인지 아니면 평등인지에 따라 침해적 감시와 차별적 감시가 있고, 감시하는 의도나 목적의 성격에 따라 긍정적 감시와 부정적 감시도 있다. 중요한 것은 이러한 다양한 형태의 감시가 일상적으로, 빈번하게 이루어지고 있다는 점이다. 누구나 매 순간, 모든 장소에서 알든 모르든 감시를 받고 있는 것이 현실이다.

인간은 누구나 비밀을 가질 수 있고, 이러한 '비밀을 공개하지 않을 권리'

를 향유한다. 비밀은 일정한 상태에 관한 비밀과 일정한 행동의 내용에 관한 비밀로 구분될 수 있다. 따라서 자신의 비밀을 공개하지 않을 권리를 가진 인간은 자신과 관련된 일정한 상태 혹은 자신의 행동에 관한 내용을 공개하지 않을 수 있는 권리가 있다. 특히 최근에는 자신의 개인정보를 공개하지 않을 뿐만 아니라 공개된 개인정보에 접근하여 열람하고 오류의 수정을 요구하고 사용중지나 삭제를 요구할 수 있는 '개인정보자기결정권'이 주목을 받고 있다. 비밀을 공개하지 않을 권리나 개인정보자기결정권에 대한 침해가 될 수 있는 행위가 바로 감시다. 또한 감시는 특정한 집단을 타깃으로 삼아 집중된다는 점에서 차별행위로 간주될 수 있어 '평등권'을 침해할 수도 있다. 따라서 감시는 기본적 인권을 제약하는 행위로 반드시 법률에 근거해야만 하고, 합리적으로 수인될 수 있는 범위를 초과하는 과도한 감시는 인정될 수 없으며, 특히 차별적 감시의 경우에는 합리적인 근거가 제시되는 경우에만 정당화될 수 있다.

가장 빈번하게 벌어지는 감시는 '국가에 의한 감시'다. 본질적으로 정보수집을 의미하는 감시는 국가정책의 결정과 집행을 위하여 불가피한 측면이 있다. 하지만 국가에 의한 감시는 비밀을 공개하지 않을 권리를 제약한다는 점에서 반드시 법률에 근거를 가져야 한다. 또한 국가에 의한 감시는 법률에서 제시된 입법목적의 범위를 넘어설 수 없고, 특히 법률로부터 부여받은 권한의 범위를 초과한 감시는 행해질 수 없다. 흔히 '사찰'이라고 부르는 불법적 감시, 다시 말해 법률의 근거가 없거나 법률에서 부여받은 권한을 넘어선 감시가 종종 발생하고 있다. 불법적 감시는 문명사회에서 허용될 수 없는 야만적 국가행위이므로 반드시 근절되어야 한다. 합법적 국가감시만이 허용되기 위해서는 누구나 개인정보자기결정권에 근거하여 국가기관이 수집한 개인정보에 언제든지 접근하여 열람하고 수정하거나 삭제할 수 있는 권리를 적극적으로 행사할 수 있어야 한다. 더욱이 개인은 감시의 대상에서 벗어나 오히려 국가를 감시할 수 있는 능동적 주체가 되어야 한다.

기업은 근로자나 소비자를 대상으로 하는 감시의 주체가 된다. 이러한 기업감시는 노동생산성을 제고하고, 기업의 재산을 보호하며 직장에서 발생할 수 있는 사고를 예방하기 위한 목적에서 행해질 뿐만 아니라 소비자의 소비행태를 분석하여 마케팅에 활용하기 위한 목적에서도 행해진다. 근로자에 대한 기업의 감시는 단기적으로 노동생산성을 향상시킬 수 있을지 몰라도 장기적으로는 근로자의 스트레스를 증가시키고, 근로자와 사용자의 연대성을 파괴할 뿐만 아니라 근로자의 창의성을 제거함으로써 노동생산성을 감소시킬 수 있다. 대표적으로 작업장 내 CCTV를 설치하거나 근로자가 주고받는 이메일을 검열하거나 근로자의 위치를 추적하는 등으로 근로자를 감시하는 행위는 원칙적으로 정당한 목적에 기초한 법적 근거가 있어야 하고, 근로자의 동의를 받아 이루어져야 한다. 특히 근로자와 사용자 간의 단체협약을 통해서 허용될 수 있는 감시의 수단과 범위가 한정될 필요가 있다. 소비자에 대한 기업의 감시도 법적으로 근거를 가지고, 소비자의 동의를 얻는 경우에만 허용될 수 있다. 무엇보다도 소비자의 동의는 충분한 정보가 제공된 상태의 동의(informed consent)로 이루어질 필요가 있다.

다수의 사람을 보호하고 지원하기 위하여 사람들이 집단적으로 수용되어 있는 시설에서는 질서유지와 안전확보를 위하여 일정 정도의 감시는 불가피하다. 하지만 관리와 통제를 주된 목적으로 하는 교정시설과 달리 수용시설은 보호와 지원이 주된 목적이기 때문에 그러한 목적을 실현하기 위하여 반드시 필요한 경우에만 감시가 허용될 수 있다. 특히 수용자의 가장 은밀한 영역을 엿보는 감시는 어떤 목적에서도 허용될 수 없다. 또한 수용자에 대한 감시는 수용시설에서 종사하는 사람들의 기본적 인권을 충분히 고려하는 경우에만 인정될 수 있다. 수용자에 대한 감시가 수용시설 종사자의 노동을 감시하는 수단으로 악용될 수는 없다. 수용시설에 수용된 사람들은 대부분 '사회적 약자'라는 점에서 수용이 오로지 사회적 약자에 대한 사회적 혜택의 제공으로만 이해되어 감시가 사회적 혜택을 받는 사람들이 당연히 감내해야 하는 부담 정도로 이해되어서는 곤란하다. 오히려 이들은 사회적 약자로서 인권침해에 노출될 가능성이 상대적으로 더 높기 때문에 이들에 대한 감시는 특별한 주의가 요구된다.

최근에 감시 대상으로 가장 문제가 되고 있는 것은 '개인정보'다. 개인을 식별할 수 있는 정보를 의미하는 개인정보로는 대표적으로 인적 사항에 관한 정보와 생체정보가 있고, 그 밖에 의료정보나 신용정보도 개인정보에 속한다. 이러한 개인정보의 수집도 정보수집을 본질로 하는 감시로 이해될 수 있기 때문에 원칙적으로 '본인의 동의'를 필요로 하는데 문제는 개인정보의 수집을 위해서 애초에 본인의 동의를 받지 않는 것은 아니지만 개인은 동의의 내용에 대해서 충분히 설명을 받지 못한 상태에서 동의를 한다는 점이다. 또한 본인의 동의를 받지 않고도 개인정보를 수집할 수 있는 예외가 지나치게 확대되고 있다는 점도 문제다. 그리고 본인의 동의를 받고 수집된 개인정보가 목적 외로 이용되거나 본인의 동의 없이 제3자에게 제공되거나 불법적으로 유통되고 있는 현실에도 주목할 필요가 있다. 이러한 문제점들은 결국 헌법상 보장된 개인정보자기결정권을 강화하는 형태로 입법을 개선하여 구체적인 권리로 보장하는 경우에만 극복될 수 있다.

개인정보 가운데서도 주민등록번호와 같이 개인을 식별하기 위하여 개인마다 고유하게 부여된 정보인 '고유식별정보'는 그 자체의 수집만으로도 본인을 확인할 수 있을 뿐만 아니라 그 정보와 연결된 다양한 정보의 수집이 가능해진다는 점에서 반드시 비밀이 확보될 필요가 있다. 고유식별정보인 주민등록번호가 모든 국민에게 예외 없이 부여된다는 점과 함께 주민등록증을 발급받는 시점에서 모든 국민의 지문정보가 국가에 제공되어야 한다는 점도 문제다. 또한 사람을 번호로 호칭하는 것부터가 인간의 존엄을 침해할 수 있고, 한 번 부여받은 번호는 평생 동안 변경할 수 없으며 그 번호에 개인의 생년월일과 성별, 출생지가 표시된다는 점도 문제점으로 지적된다. 기본적으로 주민등록번호의 변경이 허용되고, 주민등록번호에 개인정보가 표시되지 않도록 무작위의 번호가 제공될 필요가 있다. 그리고 주민등록증을 발급받을 때 지문정보를 제공해야 하는 의무도 폐지되는 것이 바람직하다.

고전적 통신수단인 우편물과 함께 휴대전화나 인터넷과 같은 현대적 통신수단에 대한 감시도 빈번하게 발생하고 있다. 통신에 대한 감시는 원칙적으로 국가안보나 범죄 예방과 같은 공익 목적을 위하여 법률에 근거해서만 허용된다. 특히 통신에 대한 감시는 구체적인 상황을 고려해서만 허용될 수 있기 때문에 '영장주의원칙'을 채택하여 구체적인 상황에서 감시가 인정될 수 있는지 여부를 판단할 수 있는 권한을 법관에게 맡길 필요가 있다. 또한 통신에 대한 감시는 '적법절차원칙'을 적용한 적정한 절차가 요구되어야 한다. 마지막으로 비밀에 관한 기본권의 제한을 의미하는 통신감시에 대해서는 '비례성원칙'을 엄격하게 적용하여 통신을 감시하는 공익 목적은 정당한지, 그러한 공익 목적을 실현하는 데 통신감시가 효과적인 수단인지, 통신감시 외에 다른 방법으로 동일한 공익 목적을 달성할 수는 없는지, 통신감시로 달성하려는 공익 목적과 통신감시로 제약받는 비밀에 관한 기본권 사이에 조화와 균형이 이루어지고 있는지를 검토한 후에만 통신감시가 허용될 수 있다.

범죄 예방이나 시설안전 혹은 교통단속을 위하여 곳곳에 CCTV가 설치되어 있다. CCTV는 개인의 영상정보를 수집하는 설비이기 때문에 마찬가지로 법적 근거가 필요하고 거기에는 설치목적이 제시되어야 한다. 아무리 공익 목적을 위한 것이더라도 CCTV가 개인의 은밀한 부분을 촬영하는 것까지 허용될 수는 없고, 수집된 영상정보를 원래의 목적 외로 사용하는 것도 허용될 수 없다. 또한 CCTV는 공익 목적을 달성하는 데 필요한 시간대와 장소에 한정하여 설치되고 운영될 필요가 있다. CCTV가 개인의 영상정보를 수집한다는 점에서 개인정보를 보호하는 법률에서 규율되는 것이 완전히 잘못되었다고 볼 수는 없지만 영상정보의 수집이 가지는 특수성에 비추어 독자적인 법률에 의하여 규율되는 것이 바람직하다. 또한 새 법률에는 설치목적을 지금보다 세분화하여 설치목적을 구체적으로 한정하고, 반드시 설치를 위한 절차에 이해관계인이 참여하여 의견을 제시할 수 있도록 강제할 필요성도 있다.

과학기술의 발전은 개인의 위치를 추적하는 일을 용이하게 만들었다. 오늘날 우리는 인공위성과 통신기술에 기반하여 실시간으로 개인의 위치가 포착되는 시대를 살고 있다. 위치추적기술의 발전은 인간에게 많은 편의성을 제공하지만 그만큼 손쉽게 개인의 위치정보가 노출되고 있음을 의미한다. 개인의 위치정보도 개인정보에 해당하는 만큼 개인정보의 보호에 관한 일반적 원칙이 그대로 적용되어야 하기 때문에 개인의 위치정보를 수집하기 위해서는 무엇보다도 본인의 동의가 필요하다. 본인의 동의 없이 개인의 위치정보가 수집될 수 있는 긴급구조의 경우에 긴급구조기관이나 경찰관서가 긴급구조를 빙자해 위치정보의 수집을 남용하지 않도록 해야 한다. 본인의 동의를 받아 개인의 위치정보가 수집되는 경우에도 위치정보가 활용되는 범위에 대해서 충분한 정보의 제공이 전제되어야 한다. 재범을 막기 위하여 특정한 범죄자에게 부착되는 전자장치인 전자발찌는 그로 인한 기본적 인권의 침해를 고려할 때 재고가 필요하다.

결론적으로 감시는 본질상 정보수집을 의미하여 자신의 비밀을 공개하지 않을 권리를 제약하기 때문에 반드시 법률에 의하거나 법률에 근거해야 하고, 그러한 법률에는 감시의 목적이 명확하게 제시되어야 하며, 법률에 제시된 목적을 넘어서 감시하는 행위는 금지되어야 한다. 또한 감시의 수단은 그 목적을 달성하는 데 효과적인 수단이면서 감시로 인한 비밀에 관한 기본권 침해를 최소한도로 할 뿐만 아니라 감시의 목적과 비밀에 관한 기본권을 최적의 상태로 실현할 수 있어야 한다. 정보사회에서는 구성원의 편의를 위하여 정보의 수집과 처리는 불가피하지만 이러한 정보의 수집과 처리가 과도해지면 구성원의 비밀에 관한 기본적 인권을 침해하는 감시사회로 이동할 위험성도 크다. 감시사회의 위협 때문에 정보사회를 포기할 수는 없지만 정보사회의 과잉으로 인한 감시사회의 팽창도 과소평가할 수는 없다. 정당한 공익 목적을 위하여 꼭 필요한 정보의 수집만을 법적으로 허용함으로써 정보사회가 감시사회로 향하는 경계를 넘지 않도록 적절한 법적 통제가 필요한 이유가 여기에 있다.

찾아보기

감시와 법

초판발행 1쇄 2014년 12월 18일
지은이 이준일
펴낸곳 고려대학교출판부
www.kupress.com
kupress@korea.ac.kr
136-701 서울특별시 성북구 안암로 145
02-3290-4230, 4232
Fax 923-6311
찍은곳 (주)동화인쇄공사
ISBN 978-89-7641-866-1 93360
값 13,000원